아플 때 병원보다 인터넷을 찾는 당신을 위한

의사 사용 설명서

아플 때 병원보다 인터넷을 찾는 당신을 위한

의사 사용 설명서

초판 1쇄 인쇄 2021년 1월 27일
초판 1쇄 발행 2021년 2월 2일

지은이 황세원

발행인 백유미 조영석
발행처 (주)라온아시아
주소 서울특별시 서초구 효령로 34길 4, 프린스효령빌딩 5F

등록 2016년 7월 5일 제 2016-000141호
전화 070-7600-8230 **팩스** 070-4754-2473

값 14,500원
ISBN 979-11-91283-13-6 (04320)
979-11-91283-14-3 (세트)

※ 라온북은 (주)라온아시아의 퍼스널 브랜드입니다.

전 문 가
사 용 법
시 리 즈
0 0 4

아플 때 병원보다 인터넷을 찾는 당신을 위한

의사 사용 설명서

| 황세원 지음 |

프롤로그

지금 병원의 트렌드는 환자 중심 의료

저는 내과 의사입니다. 내과 전문의를 취득한 후에는 모교 대학병원 소화기 내과 '간'분과에서 임상강사로 근무를 하였습니다. 그래서 한동안은 진료하는 환자의 대부분이 간암 환자와 바이러스 간염 환자였습니다. 하지만 대학병원에서 나와 그보다 규모가 작은 병원에서 진료를 시작하니 외래 환자 중 '간질환' 환자는 10명 중 1명도 안 되었습니다. 제가 가장 관심 있었고 깊이 배웠던 간질환 뿐만 아니라 내과 전반적인 질환에 대해 진료를 하게 되었습니다.

그러다보니 제가 현재 상황에서 잘할 수 있는 게 무엇인지, 환자들에게 어떻게 도움을 줄 수 있을지 고민하기 시작했습니다. 돌이켜 생각해보니 저는 전공의 시절부터 환자에게 설명을 잘 해주려고 노력을 많이 하는 편이었습니다. 예전부터 환자가 제 설명을 듣고 나서 눈을 반짝이며 고맙다고 할 때면 그게 그렇게 뿌듯할 수가 없었습니다.

결국 제가 잘할 수 있는 것은 환자들에게 '알기 쉽게 설명을 잘 해주는 의사'가 되는 것이라는 생각이 들었습니다. 그래서 진료실에 들어오는 환자분들에게 공을 들여가며 설명하기 시작했습니다. 그러면서 제가 생각하기에는 뻔해 보이는 의학 지식조차도 의사인 저의 입으로 환자의 상황에 맞게 설명해주면 환자들에게 도움을 줄 수 있고 때로는 그들을 변화시킬 수 있다는 것을 깨닫게 되었습니다.

하지만 진료실에서 한 번에 많은 것을 다 설명을 하기에는 시간이라는 장애물이 있기에 항상 갈증이 있었습니다. 그리고 책을 통해 이러한 갈증을 일부 해소할 수 있겠다는 생각이 들었습니다. 어떠한 내용을 책으로 풀어나갈지 고민을 하다가, 최근 2~3년 동안 다양한 환자들을 보면서 가장 흔하게 듣는 질문이 무엇이었는지 떠올려 보았습니다.

제가 내과 의사이다 보니, 내과적 만성질환을 주로 진료했고 그와 더불어 건강검진(국가건강검진, 채용검진, 개인적으로 받는 종합건강검진 등) 결과를 설명할 일이 많았습니다. 그래서 이와 관련해서 많이 받는 질문부터 이야기해보고 싶었습니다. 또한 제가 진료하면서 느낀 점들, 환자분들과 공유하고픈 경험도 같이 소개하고자 하였습니다.

이 책은 특히 본인이나 가족이 건강검진을 앞둔 사람, 건강검진 결과지를 보고 이해가 잘 안 되는 사람, 병원 진료가 꺼려지는 사람, 기본적인 의학지식에 대해 알고 싶은 사람 등을 위한 책입니다. 이 책에는 비법이나 엄청난 새로운 내용은 없습니다. 저는 자극적인 제목과 내용의 의학 관련 글들이 넘치는 요즘 세상에 기본에 충실한 책을 쓰고 싶었습니다.

진료실에서 만나 한 명 한 명에게 맞춰서 나누는 '대화'가 아니라 불특정 다수를 대상으로 하는 '책'이다 보니 집필 과정에서 생각보다 어려운 부분이 많았습니다. 정확하게 쓰려고 하니 독자들에게 어렵고 불필요한 내용이 들어가게 되고 쉽게 풀어서 쓰자니 의사로서는 정확도가 떨어진다는 생각을 하게 되었기 때문입니다. 또한 분량상의 문제로 미처 책에 담지 못해 아쉬운 부분들도 있었습니다.

아무쪼록 이 책이 병원과 의사에 대한 여러분들의 마음의 문턱을 조금 낮춰줄 수 있기를 그리고 이 책을 읽고 난 후 각자가 얻어가는 무언가가 있기를 바랍니다.

마지막으로, 제가 좋아하는 이 일을 계속할 수 있도록 응원을 아끼지 않는 양가 부모님, 좋은 동료의사이자 친구인 제 남편, 저에게 많은 영감을 주는 두 아이들에게 감사의 인사를 전하고 싶습니다. 그리고 여태까지 저를 스쳐 간 환자분들에게 가르침을 주어서 감사하다고 전하고 싶습니다.

황세원

차 례

2장

건강검진 결과지를 읽다 보면 생기는 궁금증 16가지

3장

알아두면 좋은 의학 지식 14가지

1장

똑똑하게 병원 진료 받는 방법

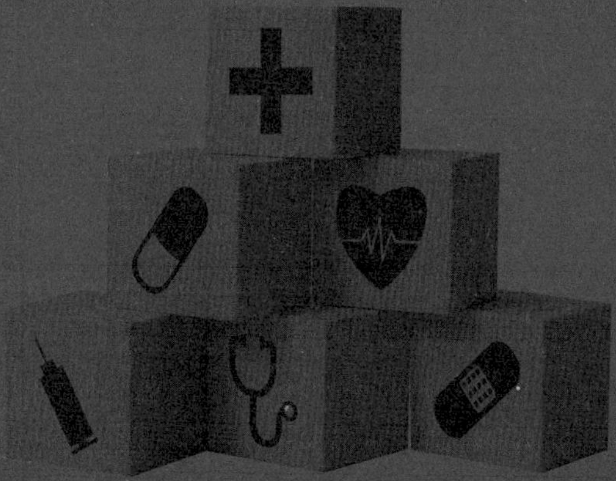

가짜 의학 정보에 속지 마라

의료 정보는 맛집 정보가 아니다

15년 전만 해도 블로그, 카페 등에 소개된 '맛집' 중에는 진짜 맛있거나 특이한 집들이 꽤 많았다. 하지만 지금은 ○○동 '맛집'이라고 검색하면 ○○동에 있는 웬만한 음식점은 거의 다 나온다.

이제는 정말 맛있는 집보다는 블로거들을 통해 홍보를 열심히 한 음식점이 더 많이 검색된다(매우 유명한 맛집을 제외하고는). 그러다보니 진짜 맛있는 음식점을 인터넷 검색으로 찾기란 쉽지 않다. 그래서 우리는 그 수많은 정보들을 세심하게 살펴서 고르고 또 고르거나 지인들에게 직접 괜찮은 집을 추천받기도 한다.

의학 정보도 비슷한 상황인 것 같다. 질환이나 증상에 대해 검색하면 셀 수 없이 많은 정보들이 쏟아져 나오지만 믿을 만한 알짜 정보는 많지 않다. 클릭 수를 늘리기 위해 실제로는 별다른 내용이 없는데도 제목을 자극적으로 붙이는 경우도 많다. 틀리거나 부정확한 정보도 많다. 또한 건강식품, 약제, 치료법 등에 대해 언급할 때는 장단점을 모두 다 알려줘야 하는데도 한쪽 면만 크게 부각시켜 환자들을 혼란스럽게 만드는 경우도 있다.

하지만 의학 정보와 맛집 정보의 가장 큰 차이점은 의학 정보는 '의사'라는 검증된 전문가에게 직접 진료를 보고 물어볼 수 있다는 것이다. 내가 진료를 받은 의사에게 신뢰가 잘 안 간다면 다른 '의사'를 또 찾아가면 된다. 그런데 어떤 사람은 진료를 보기도 전에 인터넷에서 미리 찾아보고 지레 심각한 질환으로 의심하면서 며칠 동안 잠을 제대로 못 자고 병원을 찾아오기도 한다. 또 어떤 사람은 진료를 보고 난 후에도 담당했던 의사의 말보다는 인터넷에 떠도는 글을 더 맹신하기도 하는데, 이는 정말 주의해야 할 태도다. 잘못된 의학 정보는 매우 위험할 수 있기 때문이다.

병원은 많고 의사는 도처에 흔하다. 우리나라 건강보험제도는 세계 최고 수준인 만큼 조금이라도 불편한 곳이 있다면 의사에게 직접 문의하는 것이 시간도, 정성도 절약되는 길임을 명심하자.

비전문가들의 내 맘대로 해석

사람들이 인터넷 검색 정보에 얼마나 과도하게 의존하는지, 그리고 검증되지 않은 정보가 얼마나 무분별하게 떠도는지 알 수 있었던 대표적인 사례를 하나 소개하겠다. 당시 이 사례를 보고 꽤 큰 충격을 받았다.

한 네티즌이 입술에 헤르페스가 처음 생겨 병원에 가서 약을 처방받았다. 그런데 처방 일수에 비해 한 번에 먹는 약의 개수가 너무 많다며 의사의 처방이 잘못된 것 아니냐는 글을 한 인터넷 카페에 올렸다. 그런데 이 글에 달린 댓글들이 정말 당황스러웠다.

맨 처음 달린 댓글의 내용은 이러했다. 한 번에 1알씩 2회를 먹는 것이 맞는 용법(하루에 총 2알)인데 그 의사가 잘못 처방한 것이라는 내용이었다. 그 밑에도 이에 동조하는 글이 넘쳐났고, 질문을 올린 사람은 하마터면 잘못된 용량을 먹을 뻔했다며 고맙다는 내용의 댓글까지 달아놓은 상태였다. 전문가인 '의사'는 없었고 비전문가들끼리 '자신의 경험 또는 주워들은 정보'를 근거로 말하고 있었다.

해당 네티즌이 질문한 약은 입술 헤르페스 치료를 할 때 쓰는 항바이러스 제제의 일종인 밸라사이클로비르(valacyclovir) 성분의 약제였다. 이 약을 입술 헤르페스에 처방할 때는 대개 1회 2g씩 총 2회를 복용하고 끝내는 1일 요법을 쓴다. 1알이 500mg이니 한 번에 4알씩 총 2회, 그러니까 하루에 8알을 먹는 용법이다. 그런데 그 네티즌은 잘못된 댓글을 보고 하루에 먹어야 할 양의 4분의 1만 복용했다. 결국 자신을 실제로 진료한 '의사'보다 얼굴 한 번 본 적 없는 '익명의 누군가'를 덜컥 믿은 탓에 아마도 그 환자는 약효가 제대로 나지 않았을 것이다.

물론 적은 용량을 먹는 용법이 있기는 하다. 하지만 그것은 자주 재발하는 환자들이 억제 요법으로 좀 더 장기간 복용할 때이지 글을 올렸던 그 환자에게 적당한 용법이 아니다. 의사가 환자의 증상과 과거력을 바탕으로 판단해 용량을 다르게 처방한 것인데도 그에 대한 의학적 판단 과정은 무시한 채 '내가 이만큼 먹었으니 이게 맞아'라고 틀린 정보를 마치 맞는 정보인 양 주고받는 광경을 보고 화도 나고 어이도 없었다.

이상하면 무조건 의사에게 물어보자

그렇다면 약 용량에 의문을 품었을 때 그 환자는 어떻게 하는 것이 가장 좋은 방법이었을까? 물론 의사도 신이 아닌 이상 처방을 실수할 때도 있을 것이다. 의사에게 처방받은 약에 대해 조금이라도 찜찜한 기분이 든다면 가장 좋은 건 처방한 그 병원에 전화를 해서 문의하는 것이다. 문을 닫은 시간이라면 그날 저녁에는 우선 약을 먹지 않고 다음 날 전화해서 물어보는 방법도 있다. 혹시라도 그 방법이 여의치 않다면 차라리 약을 처방받은 의사와 같은 진료과가 있는 다른 병원에 접수해서 진료를 보고 물어보는 것도 한 가지 방법이다(예를 들어 내과 진료를 보고 약 종류나 용량이 궁금한데 그 병원에 다시 물어볼 방법이 없다면 다른 내과 병원에 가서 물어보면 된다).

이러한 행동이 번거로워 손쉬운 인터넷 검색을 하는 것이겠지만, 의학 정보는 맛집 정보가 아니다. 맛집은 맛이 없어도 그날 한 번 기분 나쁘고 끝난다. 하지만 틀린 의학 정보는 자기 몸에 해를 끼칠 수 있다. 이번에 나에게는 큰 문제가 없었다 해도 그것이 잘못된 의학 지식으로 굳어져 추후에 내가 다른 누군가에게 틀린 정보를 전달할 수도 있다.

의학적인 내용에 대해 궁금한 게 있으면 먼저 의사에게 물어보라. 주변에 병원도 많고, 우리나라는 상담하는 비용도 매우 적다. 상담을 통해 비교적 검증된 정보를 빠른 시간에 얻을 수 있다. 물론 한 명의 의사가 모든 것을 알 수는 없다. 그러면 적어도 그에 대해 더 잘 알고 있는 다른 '특정 진료과'를 가보라고 알려줄 것이다.

병원에 온 이유를 정확히 말하라

왜 병원에 왔는지부터 이야기하라

환자가 병원을 찾는 데는 다양한 이유가 있다. 몸이 아파서 오기도 하고 먹던 약을 처방받으러 오기도 하며 궁금한 것이 있어서 오기도 한다. 환자가 무슨 이유로 병원에 오든 진료의 핵심은 환자가 병원에 온 이유를 파악한 후 어떤 검사 또는 치료를 할지 결정하고 설명하는 것이다.

따라서 의사에게 있어서 진료란 '환자가 왜 왔는지'를 아는 것부터 시작한다. 시작이 어긋나면 진료가 엉뚱한 방향으로 흘러가 시간 낭비가 생길 수 있다.

이전에 진료를 여러 번 본 기록이 있는 환자들은 의사가 처음부터 무슨 일로 오셨냐고 묻는 것이 쉽지는 않다. “어디가 불편해서 오셨어요?”라고 질문하면 “나 여기 다니는 사람인데 내 기록 없어요?”라는 반응을 보이는 환자들도 가끔 있다. 그렇기 때문에 주로 최근 진료 기록과 검사 결과를 참고하여 환자가 내원한 이유를 추측해서 진료를 시작하는 경우가 많다.

그런데 어떠한 검사 또는 치료가 필요하다고 설명하고 진료를 끝내려고 할 때쯤에서야 오늘은 그것 때문이 아니라 다른 문제 때문에 왔다고 말하는 환자들이 있다. 그러면 여태까지 의사가 한 설명은 그 환자에게 별 의미가 없는 셈이다. 의사는 새로운 문제에 대해 다시 처음부터 이야기를 시작해야 한다. 따라서 “혈압약을 처방받으러 왔어요”, “평소에 처방받던 당뇨약은 아직 남아 있는데 오늘은 배가 아파서 왔어요”, “○○ 검사를 해보고 싶어서 왔어요” 등 진료 시작부터 의사에게 오늘 병원에 온 이유를 정확히 말해준다면 진료의 방향을 훨씬 빨리 잡을 수 있다.

가장 불편한 것부터 콕 집어서 말한다

배가 아픈 증상으로 내원했다면 ‘배가 아파서 왔다’는 것부터 이야기하고 일단은 그 증상에 중점을 두고 의사에게 말하는 것이 좋다. 그런데 예를 들어 복통에 대해 의사가 묻고 있는데 환자가 1년 전부터 있었던 어깨 통증을 갑자기 얘기하고 다시 복통에 대해 문진을 이어가는데 오래전부터 반복되는 두통에 대해 얘기하는 경우를 생각해보자.

주로 여기저기 불편한 곳이 많은 어르신들이 이런 경우가 많다. 하지만 한 번의 진료로 오래전부터 지속된 모든 불편함을 다 진단하고 해결하기는 현실적으로 어렵다. 다양한 불편함을 한꺼번에 호소하면 의사는 어느 것부터 진단하고 해결해야 하는지 혼란스럽다. 따라서 진료를 볼 때는 우선 내가 '오늘 병원에 온 가장 큰 이유'에 집중해서 이야기를 나누는 것이 진료에 더 도움이 된다.

필요한 서류는 진료실을 나서기 전에 말한다

진료를 하다보면 서류를 작성해야 할 일이 종종 있다. 일반적으로 타 병원 진료 의뢰, 실비보험 처리, 직장 또는 학교 제출 등의 이유로 환자들이 요청한다. 특히 의사가 작성해야 하는 서류 중에 '(일반)진단서, 소견서, 진료의뢰서, (질병 코드가 기재된) 진료확인서'를 환자들이 종종 원한다. 그런데 진료가 끝난 후에 접수 데스크에 가서 이러한 서류가 필요하다고 말하는 경우가 많다. 그러면 의사는 다음 환자의 차트를 열어서 진료를 보고 있는데 이미 진료실을 나간 환자의 서류가 필요하다는 연락을 접수 데스크로부터 전해 받는다.

의사는 우선 현재 보고 있는 환자의 진료를 중간에 끊을 수는 없으므로 그 진료가 끝나기까지 시간이 소요된다. 그러고 나서도 서류를 발급해야 할 환자를 명단에서 다시 클릭해 서류 작성 메뉴까지 들어가는 데 시간이 추가로 소요된다. '어차피 프로그램으로 금방 하지 않나?'라는 의문이 들 수 있을 텐데, 전자차트 프로그램은 많은 양의 데이터를 담고 있기 때문에 생각보다 속도가 느리다.

이러한 서류가 필요하다면 진료가 끝나기 전에 의사에게 직접 말하는 것이 좋다. 그러면 발급에 필요한 시간을 1분이라도 줄일 수 있다. 진료비 상세내역서 및 영수증 등은 의사가 발급하는 서류가 아니므로 접수 데스크에서 말하면 된다.

진료실에서 많이 요청하는 서식은 다음과 같다.[1]

- 진단서(일반) : 기본적으로 환자의 병명과 진단연월일이 기입된다. 그 외에 환자에게 행해진 시술명/수술명, 향후 진료 또는 치료에 대한 소견, (알 수 있는 경우) 발병연월일 등이 기입된다.
- 소견서 : 의사의 소견을 적는 서류로, 특별한 형식이나 반드시 들어가야 할 내용이 정해져 있지 않다.
- 진료의뢰서 : 환자의 적절한 진료를 위해 의료인이 다른 의료인에게 진료를 의뢰할 때 작성하는 서류로, 대학병원 진

료를 처음 볼 때 꼭 필요한 서류다. 같은 대학병원의 같은 과를 다시 방문할 때는 꼭 필요하지 않으나, 같은 대학병원이라도 처음 가는 다른 과 진료를 볼 때는 필요하다.

- 진료확인서(질병 코드 기재) : 환자가 진료를 본 날짜와 진료를 본 이유에 해당하는 질병명이 기재된다. 환자들이 주로 보험회사, 학교 또는 직장에 제출하기 위해 발급받는다(질병 코드가 기재되지 않고 단순히 해당 날짜에 병원을 다녀간 것만을 증명하는 진료확인서는 의사의 작성 없이도 창구에서 직접 발급이 가능하다).

의사에게 질문하는 것을 두려워하지 마라

최대 3가지는 물어본다

단 한 번의 진료로 환자의 모든 궁금증을 해결하기란 쉽지 않다. 진료 시간이라는 물리적인 한계가 있고, 너무 많은 질문은 주의를 분산시켜서 오히려 의사가 질병을 진단하고 치료 계획을 세우는 과정에 장애물이 될 수도 있다. 하지만 환자 입장에서 질문이 있다면 참기보다는 가장 궁금한 것을 추려서 최대 3가지 정도 물어볼 것을 추천한다.

환자들이 진료실에 들어오면 이런저런 사소한 질문을 하다가 정작 본인이 진짜 궁금했던 것을 질문하지 않고 나가는 경우가 있다. 예를 들어 검진 결과 중 유방초음파 결과가 가장 궁금했는데 막상 진료실에 들어가면 다른 검사들에 대한 질문들만 하다가 결국 유방초음파 결과는 자세히 듣지 못하고 진료실을 나가서야 생각이 나서 후회한다. 이런 일을 방지하려면 진료를 보기 전에 진짜 궁금한 것이 무엇인지, 어떤 식으로 질문할 것인지 미리 생각해두면 도움이 된다. 병원에만 오면 질문을 까먹는다며 답답해하는 환자들도 있다. 환자들이 그런 말을 하면 나는 질문이 생길 때마다 메모를 해놓았다가 다음 진료 때 가져오라고 조언한다.

제일 안타까운 것은 (주로 대학병원 교수님 앞에서) 질문하기가 겁이 나서 많은 의문들을 마음속에 묻은 채 진료실을 나오는 환자들이다. 이런 환자들은 대부분 중증 질환인 경우가 많은데, 위중한 질환일수록 질문이 많이 생기는 것은 당연하다. 위중한 질환이기 때문에 질병 자체를 완전히 이해하기 어려워서 질문이 많이 생길 수 있고, 걱정이 되어 사소한 것조차 궁금할 수 있다.

힘들면 힘들다고 솔직히 말한다

우리 병원에서 혈압약과 당뇨약을 처방받던 50대 환자가 대장내시경 후 대장암이 진단되어서 대학병원에 진료를 의뢰했다. 두 달 후에 환자가 혈압약과 당뇨약을 처방받으러 우리 병원에 다시 왔다. 대장암 치료는 잘 받았는지 물어보니 수술 후에 항암치료를 총 3차례 받은 상태라고 했다. 잘 치료받고 있어서 다행이라고 생각하던 차에 환자가 말했다.

"항암치료 그거 안 받아도 되는 거 아닌가요? 그만 받고 싶어요."

나는 깜짝 놀라서 이유를 물었다. 환자는 병원에서 수술이 잘 되었다고 했는데 왜 항암치료까지 굳이 하는지 잘 모르겠다고 했다. 더 중요한 건 항암치료를 하는 중에 이런저런 부작용이 나타나서 정상적인 생활을 하기도 힘들고, 기운이 하나도 없어서 그만 받고 싶다는 것이었다. 그리고 항암치료 횟수가 거듭될수록 더 힘들다며 약을 점점 세게 쓰는 것 같다고 말했다.

이런 내용에 대해서 교수님께 질문해본 적이 있느냐고 물었더니 환자는 그런 적이 없다고 했다. 교수님과 상의 없이 자의적으로 항암치료를 중단하고 병원을 그만 가려고 고민하고 있는 것 같았다.

항암치료를 받게 되면 환자 컨디션도 종종 떨어지고 다양한 부작용이 생길 수 있다. 그렇기 때문에 굳이 필요하지 않은 환자에게 항암치료를 하는 경우는 없다. 항암치료가 힘들다고 스스로 무작정 중단하는 것보다는 담당 의사에게 얼마나 어떻게 힘든지 알려주는 것이 좋다. 그러면 대안을 생각해볼 수 있기 때문이다. 대안으로는 항암제 용량을 줄이거나 컨디션이 좀 더 회복된 다음에 항암치료를 받을 수 있도록 간격을 늘리는 방법 등이 있다. 또한 대부분의 항암치료는 횟수를 거듭할수록 용량을 올리기보다는 유지하거나 감량하는 경우가 많다. 환자가 점점 힘들었던 이유는 용량이 점점 높아져서라기보다는 반복적으로 항암치료를 받으면서 컨디션이 점점 떨어지고 부작용도 축적되다 보니 이전과 비슷한 용량이어도 더 힘들다고 느낀 것이다.

이러한 내용을 설명해주자 환자는 전혀 몰랐다며 고마워했다. 그리고 그런 것이라면 항암치료를 계속 받아보겠다고 했다. 설명을 듣기 전까지 혼자 많은 고민을 했을 환자를 생각하니 마음이 짠했다. 항암치료를 받을수록 점점 몸이 힘들어서 그만두고 싶을 정도인데 이대로 계속 받아야만 하는 건지 교수님에게 진작 물어봤다면 나보다 더 잘 설명해주었을 텐데 말이다.

병원에 대한 부정적 이미지를 벗어라

병원에 가기 싫은 이유

병원에 간다는 것은 그다지 내키는 일은 아니다. 매일 병원에 출근하는 나조차 진료를 받는 '환자'가 되어 병원을 가는 것은 마음이 편하지 않다. 하지만 살면서 병원 한 번 안 가본 사람은 없다. 특히 전 국민 건강보험제도를 실시하고 있고 영유아건강검진과 필수예방접종 제도까지 있는 우리나라에서는 병원에 가서 의사를 만나는 것이 비교적 흔한 일이다.

그런데도 어째서 여전히 병원은 가고 싶지 않은 곳일까? 여기에는 여러 가지 이유가 있을 것이다. 가장 단순하게는 병원에서 '검사'나 '치료'를 받을 때 아팠던 경험들이 있기 때문이다. 대기 시간이 긴 것도 또 하나의 이유로 꼽을 수 있다. 혹시나 안 좋다는 이야기를 들을까 봐 겁이 난다거나 긴장하도록 만드는 진료실의 딱딱한 분위기가 싫다는 사람들도 있다. 때로는 용기 내어 병원에 갔더니 이런저런 검사를 하자는데 왜 하는지, 무슨 검사인지도 잘 모르겠다거나 결과를 듣기는 했는데 무슨 말인지 모르겠다는 사람들도 있다.

이처럼 환자들이 병원에 가기 싫은 이유는 다양하다. 어떻게 하면 병원에 대해 조금이라도 긍정적인 기억을 갖고 돌아갈 수 있을까?

걱정될수록 충분히 물어보라

의사 입장에서도 환자에게 친절히 대하려고 노력할 수는 있지만 '검사'나 '치료'를 할 때 환자를 아프지 않게 해줄 방법은 없다. 다만 나는 통증이 있을 것 같은 검사나 치료를 하기 전에는 환자에게 미리 말해주려고 노력하는 편이다. 환자들 또한 자신이 검사나 치료에 대해 어떤 점이 걱정이 되는지(예를 들어, 많이 아플까 봐 겁이 난다, 수면마취가 걱정된다 등) 미리 의사에게 말하는 것이 좋다. 그러면 의사도 환자의 성향을 파악하고 그에 맞춰 알맞은 정보를 주려고 노력할 것이다. 또한 잘 모르는 검사를 앞두고 걱정이 된다면 어떻게 하는지 왜 하는지 등 검사 전에 미리 질문을 하는 것도 방법이다.

검사 결과에 대해 설명을 들을 때 너무 간단하게 끝나서 잘 못 알아듣겠다면 좀 더 구체적으로 설명해달라고 요청한다. 고지혈증을 진단받는 경우를 상상해보자. "고지혈증이 있으시네요. 약을 드셔야겠어요"라고 들을 수 있다. 그런데 고지혈증을 처음 진단받았다면 고지혈증이 어느 정도 심하다는 건지 왜 약을 먹어야 하는지 이해가 안 갈 수 있다. 이럴 때 질문을 하게 되면 의사는 다음과 같이 말할 수 있다.

"나쁜 콜레스테롤이라고 불리는 LDL 콜레스테롤이 185mg/dL로 높습니다. LDL 콜레스테롤은 130mg/dL 미만이 정상이고, 혈관질환 발생에 매우 중요한 요소입니다. 약물 치료를 고려해야 하는 기준치는 위험인자의 개수에 따라서 다른데, 환자분의 경우 45세 이상 남성이라는 조건 외에 흡연이라는 위험인자를 추가적으로 갖고 있으므로 비흡연자에 비해 더 엄격하게 LDL 콜레스테롤 조절이 더욱 더 중요합니다. LDL 콜레스테롤이 높은 상태로 방치하면 뇌경색, 뇌출혈, 협심증, 심근경색과 같은 심뇌혈관질환이 생길 가능성이 훨씬 높아집니다. 따라서 적정 체중 유지, 규칙적인 운동과 더불어서 약물 치료가 필요합니다."

이렇게 자세한 설명을 들으면 진료에 대한 신뢰감이 생기고, 내 건강관리에 좀 더 관심을 갖게 될 것이다. 내가 궁금한 부분에 대한 설명을 스스로 챙기는 것이 인터넷의 잘못된 의학 정보들을 피하고 병원에 대한 부정적 이미지를 탈피함과 동시에 건강까지 챙길 수 있는 방법이다.

미국 텍사스 대학교 연구팀이 '의사와 환자 간의 의사소통'과 '환자의 치료 순응도'의 관계에 대한 106개의 연구를 대상으로 메타 분석을 진행한 결과에 따르면 의사와 환자 간에 의사소통이 잘되면 환자가 의사의 치료 방침에 잘 따르는 정도는 2.16배 증가한다고 한다.[2] 의사와 환자의 의사소통은 그만큼 중요하다.

병원은 한 곳을 정해서 꾸준히 다녀라

과거력이란 내 건강상태의 역사이다

"말하지 않아도 알아요. 눈빛만 보아도 알아."

한 과자업체의 유명한 광고 주제가다. 이 가사는 환자와 의사 간의 관계에도 제법 어울린다. 한 병원을 정해놓고 계속 다니면 그 병원에 내 진료 기록이 쌓여 의사가 나의 상태를 파악하기가 훨씬 쉽다. 특히 환자가 추가적으로 어떤 증상을 호소하거나 상태가 변했을 때 필요한 검사나 치료에 대해 더 수월하게 판단할 수 있다.

모든 나라들이 각각의 역사가 있듯이 모든 환자들은 건강상태와 관련해 그들만의 역사가 있다. 이를 '과거력'이라고 하는데,

“과거에 앓았던 질병이나 상해의 종류 또는 경중(輕重), 유전·선천병의 유무 따위에 관한 정보”를 의미한다. 환자를 진료할 때 가장 중요한 것 중에 하나가 바로 이 과거력이다. 예전에 어떠한 질병을 진단받았는지, 어떠한 치료를 받았는지는 의사가 의학적 판단을 내릴 때 중요한 영향을 미칠 수 있다.

사실 한 번의 진료로 환자에게 이 모든 것을 물어보고 기록하기란 쉽지 않다. 시간적 여유가 없을 때도 있고, 자세히 물어보면 환자가 대답하기 귀찮아하거나 대답을 꺼리는 경우도 있다. 때로는 본인에게 이미 너무 익숙한 병이라서 까먹고 의사에게 말하지 않는 경우도 종종 있다.

병원을 하나 정해놓고 계속 다니면 내 건강상태에 대한 기록도 쌓이고 중간중간 자연스럽게 과거력을 말하게 된다. 의사는 환자를 만날 때마다 과거력을 알아내려고 하나부터 열까지 물어볼 필요가 없고 환자도 매번 설명해야 하는 번거로움이 없어서 좋다.

이전 검사와 비교하라

검사를 하게 되면 결과 자체도 중요하지만 그보다 더 중요한 것은 이전 검사 결과와 비교해보는 것이다(이전 검사 결과가 있는 경우).

예를 들어 흉부 엑스레이를 찍으면 까맣게 보이는 양측 폐에 기관지들만 하얀색 나뭇가지처럼 보여야 정상이다. 그런데 기침, 가래 같은 호흡기 증상이 없는데도 폐에 작은 하얀색 점이나 얇은 하얀색 선이 보이는 사람들이 있다. 그 이유는 매우 다양하다. 이전 결핵의 흔적, 일시적인 경미한 기관지염, 무기폐(폐 혹은 폐 일부가 부풀어 있지 않고 쪼그라든 상태다. 주로 수술 후에 잘 생기는데, 별다른 문제 없는 사람에서도 매우 작은 범위의 무기폐가 보이기도 한다), 기관지 확장증, 폐기종(폐 내의 공간이 정상보다 커지는 병으로 폐포 벽의 파괴가 일어난다. 오랜 기간 흡연한 사람들에서 비교적 흔히 나타난다), 예전에 시술받은 흔적 등등. 하지만 이렇게 하얀색 점 또는 선이 있다고 해서 모두 다 문제가 되는 것은 아니다. 이러한 흉부 엑스레이를 정상이라고 할 수는 없지만 '임상적으로는 문제가 아닌' 경우도 많다.

하지만 비교해볼 이전 엑스레이가 없다면 의사는 이 부분이 괜찮은 건지 여부를 고민하게 된다. 특히 환자가 담배를 피우거나 고령이라면 더더욱 고민이 깊어진다. 이 환자의 이전 엑스레이가 있다면 그러한 고민의 과정이 훨씬 줄어든다. 이전 엑스레이와 큰 차이가 없다면 대부분 크게 문제되지 않기 때문이다.

병이 낫는 데는 시간이 필요하다

이러한 경우를 상상해보자. 이○○ 씨는 겨울에 기침과 가래가 심해서 A병원에 진료를 받으러 갔다. 진료를 받고 나니 의사가 폐렴은 아니고 단순 감기인 것 같다고 했다. 그 의사로부터 4일치 약을 처방받고 다 먹었는데도 증상이 나아지지 않았다. 이◯◯ 씨는 A병원 약은 본인에게 안 듣는다고 생각하고 B병원에 가서 진료를 보았다. B병원에서 약을 3일치 새로 지어 먹으니 증상이 훨씬 나아졌다. 이◯◯ 씨는 B병원 의사가 감기약을 훨씬 잘 짓는다고 생각했다.

이 경우 B병원에서 지어준 약이 환자에게 더 잘 맞은 것일 수도 있지만, 그보다는 감기가 나을 때가 되어서 나았을 가능성이 더 크다. 먼저 겨울은 실내외 온도 차가 크고 건조해서 감기가 빨리 낫지 않는 경우가 많다. 그렇기 때문에 4일 정도로는 환자의 컨디션이 회복되는 데 시간이 부족했을 수 있다. 또한 기침, 가래약은 어느 정도 범위 안에서 약제를 선택하기 때문에 의사마다 처방약의 종류가 아주 크게 차이 나지는 않는다. 따라서 A병원 의사에게 처방받은 약과 B병원 의사에게 처방받은 약은 성분이 꽤 유사했을 것이다.

내가 정해놓고 다니는 병원이 있다면 담당 의사에 대해 어느 정도 신뢰가 쌓여 있기 때문에 4일치 약을 먹은 후에 별로 나아지지 않았어도 다른 병원을 새로 찾아가기보다 원래 다니던 의사에게 진료를 받으러 가게 된다. 그러면 그 의사는 환자의 경과를 반영해 기존의 약을 유지하거나 약의 종류를 변경 또는 추가

하는 방법을 취했을 것이다.

개인마다 잘 맞는 약이 다를 수도 있다

앞의 사례와는 상반된 얘기일 수도 있는데, 약에 따라서는 같은 종류 안에도 다양한 제제들이 있다. 그런 경우 기전은 거의 같지만 복용하는 사람에 따라 반응의 차이가 나타나기도 하다. 예를 들어 어떤 사람은 신물이 넘어오는 증상이 자꾸 나타날 때 란스톤이 잘 듣는가 하면 어떤 사람은 넥시움이 제일 잘 맞는다고 그 약만 찾는다.

고지혈증의 대표적인 치료제인 스타틴의 경우에도 몇 가지 종류(예를 들어 아토바스타틴, 로수바스타틴, 심바스타틴 등)가 있다. 어떤 스타틴을 먹으면 속이 더부룩하다, 피부가 간지럽다는 증상을 호소하는 환자가 다른 종류의 스타틴을 먹으면 괜찮은 경우도 있다.

환자에게 약을 처음 처방할 때는 주로 해당 증상 또는 질병에 대해 많이 쓰이는 약 위주로 먼저 선택한다. 그 약이 환자에게 효과가 있으면 계속 유지하고 효과가 없거나 부작용이 있으면 다른 약으로 변경해보기도 한다. 한 군데 병원을 정해놓고 다니면 이러한 시행착오의 과정을 줄일 수 있다.

내가 무슨 약을 먹고 있는지 기억해두자

지속적으로 복용하는 약은 메모해둔다

4개월 전, 70세 남성이 국가건강검진 결과 공복혈당(8시간 이상 금식 후 측정한 혈당)이 높아서 진료를 보러 왔다. 그는 다른 병원에서 당뇨약을 처방받아 복용 중이었는데, 이번에 공복혈당이 200mg/dL가 넘도록 매우 높게 나온 것이다(당뇨병이 잘 조절되고 있다면 공복혈당이 200mg/dL를 넘는 경우는 없다).

공복혈당이 많이 높다고 말하자 환자는 당뇨병이 있기는 하지만 혈당이 많이 높다는 얘기는 들어본 적이 없다고 했다. 그렇다면 왜 갑자기 공복혈당이 이렇게 높게 나온 것인지 이유가 궁금했다. 그래서 환자에게 이런저런 질문을 했다. 요즘 식단 조절은 어떠한지, 당뇨약은 잘 먹는지, 최근에 다른 약을 추가로 먹거나 새로 진단받은 병은 없는지 등.

그러자 환자는 요즘 피부에 발진이 생겨서 며칠 전부터 피부과에서 처방받은 약을 먹고 있다며 챙겨 온 약봉투를 나에게 보여주었다. 그러면서 이 약을 먹으면 혈당이 높아질 수 있다는 얘기도 들었다고 했다. 나는 깜짝 놀랐다. 꽤 많은 환자들이 자신이 먹고 있는 약의 종류나 이름을 잘 모른다. 그런데 70세 할아버지가 약봉투를 챙겨 오고 의사의 설명까지 기억하고 있다는 것이 놀라웠다.

그 피부과 약의 성분은 스테로이드였다. 스테로이드제를 복용하면 혈당 조절에 문제가 생긴다. 평소 혈당 조절이 잘되던 당뇨병 환자들조차 스테로이드를 복용하는 동안에는 혈당이 종종 높이 올라가곤 한다. 이 환자 역시 스테로이드 성분을 복용하면서 일시적으로 혈당이 오른 것이었다.

"어떻게 약봉투까지 챙겨 오셨어요?"라고 물었더니, 그는 "선생님한테 내가 무슨 약을 먹고 있는지 알려줘야 날 더 잘 봐줄 수 있을 것 아니에요"라고 말했다. 만약 그 환자가 어떤 약을 먹고 있는지 나에게 알려주지 않았다면 나는 이 환자가 현재 혈당 조절이 매우 안 되는 상태이므로 당뇨약을 변경하거나 증량해야 하는 것은 아닌지 고민을 했을 것이다. 하지만 환자가 본인이 현재 피부과 약을 먹고 있다는 사실과 그 약의 성분을 알려주어 그런 불필요한 고민을 할 필요가 없었다.

이처럼 본인이 무슨 약을 먹고 있는지 아는 것은 중요하다. 그런데 막상 진료실에서 보면 본인이 약을 처방받아 먹고는 있는데 왜 먹는지 모르는 경우도 있고, 또는 약을 먹고 있는데도 그걸 깜빡하고 먹고 있는 약이 없다고 말하기도 한다.

복용 중인 약의 용량까지 알고 있으면 더 좋다

때로는 다른 병원에서 혈압약을 처방받아 먹고 있는데 당분간 그 병원에 갈 시간이 없으니 혈압약을 처방해달라고 하는 외래 환자도 있다. 그런데 그중 일부는 본인이 먹는 혈압약 이름이나 종류를 전혀 모른 채 처방받으러 오기도 한다. 환자가 본인이 먹고 있는 혈압약 이름을 알고 있다면 의사가 적절한 약을 처방하는 데 도움이 된다.

혈압 조절이 비교적 잘되는 상태라면 동일한 성분의 혈압약을 처방하면 되고 혈압 조절이 잘 안 되는 상태라면 원래 먹던 혈압약의 용량을 바꾸거나 약의 종류를 변경하면 된다. 하지만 먹고 있는 혈압약의 이름을 전혀 모르는 경우에는 환자에게 적절한 약의 종류와 용량을 찾아가기까지 며칠 또는 몇 주일의 시간이 소요될 수도 있다.

가끔 내 진료 컴퓨터를 가리키면서 여기 쳐보면 자신이 다른 병원에서 무슨 약을 먹는지 나오지 않느냐고 묻는 환자들도 있다. 그에 대한 나의 답변은 "나오지 않습니다"이다. 진료 기록은 환자의 개인정보이므로 병원 간에 함부로 공유할 수 없다. 따라서 환자가 다른 병원에서 무슨 약을 처방받았는지는 본인이 알고 있어야 한다. 약 이름이 어렵다면 처방전을 보관해두는 것도 하나의 방법이다.

약 부작용을 겪은 이력도 기억해둔다

6개월 전 쯤 있었던 일이다. 옆 진료실 50대 여성이 진통소염제를 처방받아 한 알을 먹고는 1시간도 채 지나지 않아 땀을 흘리며 숨이 가쁘다고 다시 병원에 돌아온 적이 있다. 청진을 해보니 천식이 악화되었을 때 나는 '쌕쌕'거리는 천명음이 들렸다.

산소를 연결하고 주사 약제를 투여하는 등 한바탕 소동 후 다행히 환자의 상태가 호전되기는 했다. 환자에게 물어보니 천식이 원래 있고, 몇 년 전에 약을 먹고 비슷한 부작용이 있었다고 했다. 그때도 진통소염제를 먹고 그런 것이었냐고 물으니 무슨 약인지는 모른다고 했다.

이 환자는 '비스테로이드성 소염제'에 의해 천식 발작이 발생한 사례였다. 처치가 늦었더라면 환자 상태가 더 나빠질 수도 있었다. 환자 본인이 이전에 약제 부작용이 크게 있었고 어떠한 약 때문이었는지 미리 알려줬더라면 이런 일이 발생할 확률이 훨씬 줄어들었을 것이다.

가끔 "제가 약을 먹으면 부작용이 좀 있어요"라는 모호한 말을 하는 환자들도 있다. 하지만 세상의 모든 약에 다 부작용을 보이는 사람은 없다. 내가 '어떤 약에 어떤 부작용이 있었는지' 의사에게 정확히 알려줄 필요가 있다. 특정 약 때문에 부작용을 겪은 적이 있다면(호흡 곤란 등 심한 부작용이었다면 더더욱) 작은 메모지에 원인 약제 이름을 적어서 지갑에 갖고 다니자. 또는 핸드폰에 메모를 해두어도 좋다. 어떠한 부작용인지까지 적어두면 더 좋다. 그 메모를 진료 때마다 의사에게 보여주면 의사소통이 훨씬 용이해진다.

의사를 나의 조력자로 만들어라

현실을 인정하는 것이 치료의 시작이다

30대 후반 남자가 혈당이 높다며 진료를 보러 왔다. 직장 건강검진으로 시행한 혈액검사에서 200mg/dL가 넘었다. 추가로 당화혈색소(최근 2~3개월간의 혈당 평균을 반영)를 검사한 결과 10%가 넘어 당뇨가 진단되었다. 당화혈색소가 6.5% 이상이면 당뇨병이라고 진단하는데, 그 기준을 훌쩍 넘은 수치였다.

직장인이라면 정기적으로 검진하기 때문에 이렇게까지 혈당이 오르도록 몰랐을 리가 없을 텐데 이상했다. 환자에게 물어보니 사실 작년에도 공복혈당이 꽤 높아서 당뇨병이 의심된다고 들었다고 했다. 하지만 그 얘기를 듣고도 따로 검사도 하지 않았고, 이후에 병원 진료를 보지도 않았다고 했다. 본인이 당뇨병일 수도 있다는 현실을 부정하고 싶었다고 털어놓았다.

그 말을 들으니 이 사람이 이번에도 당뇨병이라는 현실을 부정하고 치료를 거부할 수도 있겠다는 불안감이 몰려왔다. 이 환자가 올해도 치료를 시작하지 않는다면 상태가 훨씬 나빠질 것임이 분명했다.

의사와 함께하면 훨씬 쉬워진다

나는 20분 이상 진료 시간을 할애할 생각을 하고 환자에게 설명하기 시작했다. 내가 하고 싶은 이야기는 딱 3가지였다.

첫째, 30대에 당뇨병을 진단받는 것은 부자연스러운 일이다. 나이가 들면 일반적으로 활동량이 감소하고 근육량도 감소하며 다른 질환들도 많아지기 때문에 고령에 당뇨병이 발생하는 것은 비교적 흔한 일이다. 하지만 30대에 당뇨병이 진단되는 것은 흔한 일이 아니고 그렇기에 더더욱 위기의식을 가져야 한다는 사실을 환자에게 인지시켰다.

둘째, 당뇨병은 다양한 합병증을 유발하는 무서운 병이다. 단지 혈당만 높은 병이 아니다. 쉽게 생각해서, 혈액 내에 돌아다니는 다량의 포도당 때문에 혈액이 찐득해진다. 그 찐득한 피가 전신을 타고 돌면서 여러 혈관들을 손상시킨다. 그로 인해 당뇨병성 망막병증, 당뇨병성 신증, 당뇨병성 신경병증, 당뇨병성 족부병변(당뇨발) 및 말초혈관 질환부터 사망 가능성이 높은 심근경색, 뇌경색까지 매우 다양한 혈관 합병증을 유발한다.

셋째, 하지만 의사인 나를 믿고 함께 노력해준다면 반드시 좋아질 수 있다. 설명을 하다보니 환자가 자칫 불안에 빠질까 봐 우려되었다. 그래서 절망할 상태는 전혀 아님을 강조했다. 철저한 관리를 통해 반드시 좋아질 수 있다고 확실히 말했다. 동시에 이 일이 가능하려면 의사 혼자만의 힘으로는 안 된다고 설득했다.

이 환자의 경우 먼저 인슐린으로 철저한 혈당 관리를 하는 것부터 시작하기로 결정했다. 모든 당뇨병 환자가 인슐린을 쓴다고 해서 평생 써야 하는 것은 아니다. 환자에게 나를 믿고 성실히 노력한다면 짧게는 3개월 이내로 인슐린을 끊고 반드시 약으로 전환할 수 있다고 강조했다. 그리고 운동 및 식단 관리를 통해 체중감량을 병행하도록 했다. 환자는 과체중 상태였으므로 체중조절도 매우 중요한 부분이었다.

신뢰가 생기면 치료 과정이 달라진다

환자에게 20분이 넘는 기나긴 설명을 마친 후 인슐린을 처방하고 2주 뒤에 다시 보기로 했다. 그 환자는 약속한 대로 2주 뒤에 다시 내원했다. 그리고 몇 개월에 걸쳐 놀랍도록 변화했다.

매일 공복혈당과 식후 2시간 혈당을 측정하고 기록해서 진료 때마다 가져왔다. 식단도 바꾸고 간식도 거의 끊었다. 회사에서는 점심 식사 후에 제자리 사이클을 30분씩 타고 퇴근 후에도 운동을 한다고 했다. 그리고 진료를 받으러 올 때마다 질문이 많았다.

가끔이라도 간식을 먹은 경우에는 어떠한 종류를 얼마만큼 먹었는지 얘기하며 이 정도는 괜찮은 건지 묻기도 했다. 또한 어떠한 종류의 운동을 얼마만큼 하고 있는데 적절한 건지도 물어보았다. 매번 비슷한 내용이었지만 나는 이번에는 어떤 부분이 문제고, 어떤 부분은 괜찮다고 최대한 피드백을 해주었다. 환자의 노력이 눈물겨워서 많은 질문을 받으면서도 오히려 재미있다고 느낄 정도였다. 그리고 마지막은 항상 정말 잘하고 있다는 격려의 말로 끝맺었다.

처음에는 내가 환자를 변화시키려고 노력했다. 하지만 환자가 변화하기 시작한 후부터는 지치지 않고 계속 잘해나갈 수 있도록 페이스메이커 역할을 해주려고 했다.

시간이 흘러 3개월이 지나자 환자는 정말로 인슐린을 끊게 되었다. 그리고 환자 본인이 무슨 종류의 음식을 먹으면 혈당이 적게 오르고 얼마만큼 운동하고 나면 혈당이 떨어지는지 스스로 터득했다. 지금은 나와 처음 만난 지 1년이 훌쩍 넘어가는데 당시에 비해 약 10kg을 감량한 상태이며 소량의 당뇨약을 복용하며 당화혈색소 5.7% 전후를 유지하고 있다(당뇨병 환자의 당화혈색소 목표 수치는 6.5% 미만인데 보통은 잘 지켜지지 않는다).

이 사례는 환자가 의사를 조력자로 받아들이면서 함께 치료해나간 긍정적인 사례다.

국가건강검진 야무지게 받는 법

국가건강검진제도를 백분 활용하라

우리나라는 전 국민을 대상으로 국가건강검진제도를 실시하고 있다. 국가건강검진 대상자는 크게 직장 가입자와 직장 가입자가 아닌 자(예를 들어 자영업자, 가정주부, 무직자 등)로 나뉜다.

직장 가입자 중 비사무직 근로자는 1년에 1회, 사무직 근로자는 2년에 1회 국가건강검진을 시행한다. 연령의 제한은 없다. 직장 가입자가 아닌 사람은 만 20세 이상을 대상으로 2년에 1회 실시한다(2018년까지는 만 40세 이상이었으나 2019년부터 대상 나이가 변경되었다). 즉 비사무직 근로자를 제외한 경우는 검진 간격이 2년 주기이다. 만약, 본인이 짝수연도 출생이라면 짝수해 검진 대상자에 해당한다. 혹시라도 작년이 해당 연도였는데 국가건강검진을 놓친 경우 올해 국민건강보험공단에(1577-1000) 전화해서 요청하면 검진 대상자로 추가가 가능하다.

전 국민을 대상으로 국가건강검진을 하는 나라는 매우 드물다. 따라서 좋은 이 제도를 꼭 잘 이용했으면 한다. 특정 나이에만 추가되는 항목들이 몇 가지 있는데(예를 들어, 골다공증 검사는 만 54세, 만 66세 여성에서만 시행), 여기서는 공통으로 측정하는 항목 위주로 설명하겠다.

놓치지 말아야 할 검진 항목

공통 측정 항목에는 키, 체중, 체질량지수, 허리둘레, 시력 및 청력 측정, 혈압, 혈액 검사, 요단백 검사, 흉부 엑스레이, 구강검진이 있다. 이 중 혈액검사에는 혈색소(헤모글로빈), 공복혈당, 신장 관련 검사(크레아티닌, 신사구체 여과율), 간 관련 검사(AST, ALT, ɣ-GTP) 항목이 포함되어 있다.

가끔 결과지를 받은 후에 고지혈증 검사(총콜레스테롤, 고밀도 콜레스테롤, 중성지방, 저밀도 콜레스테롤)가 왜 포함되어 있지 않은지 의문을 가지는 사람들이 있다. 고지혈증 항목은 4년 주기로 (남자는 만 24세부터, 여자는 만 40세부터) 포함되어 있다. 따라서 고지혈증 검사가 기본 항목에 포함되어 있지 않은 해에 내가 검사를 원한다면 검진을 받기 전에 검진 센터 접수 창구에 미리 말해서 항목을 추가하고 그에 대한 비용을 추가로 지불하면 된다. 그 외에 중요 검사항목으로는 5대 암 검진이 있다. 여기서 5대 암이란 위암, 대장암, 유방암, 자궁경부암, 간암이다. 각각의 항목은 비수면 위내시경(만 40세 이상, 1회/2년), 분변잠혈검사(만 50세 이상, 매년), 유방촬영(만 40세 이상 여성, 1회/2년), 자궁경부세포검사(만 20세 이상 여성, 1회/2년), 간초음파와 간암표지자검사(만 40세 이상, 2회/1년)가 있다.

나에게 해당되는 검진 항목을 체크하자

분변잠혈검사에서 양성이 나올 경우에 한해 비수면 대장내시경까지 국가건강검진으로 시행 가능하다. 하지만 대장용종 또는 대장암이 있어도 분변잠혈검사에서 음성이 나올 수 있다는 사실을 알아야 한다. 따라서 '분변검사가 음성이니까 난 대장에 아무 문제 없다'고 확신해서는 안 된다.

유방촬영은 엑스레이 검사인데 유방을 위아래로 찍어 누른 상태로 촬영을 한다. 그러다 보니 통증이 심해서 이 검사를 안 하는 사람들도 가끔 있다. 이 촬영이 너무 고통스러워서 다시는 하고 싶지 않다면, 유방암 검진을 아예 안 하는 것보다는 추가 금액을 내고서라도 유방초음파를 하기를 추천한다.

공단 간초음파와 간암표지자검사는 B형 간염 바이러스 항원 양성, C형 간염 바이러스 항체 양성 또는 간경변증인 사람을 대상으로 1년에 2회(상반기, 하반기 각각 1회) 시행한다. 그런데 만성 B형 간염, 만성 C형 간염 바이러스 감염자 중에도 이러한 내용을 모르는 사람들이 꽤 있다. 본인이 위의 대상자에 포함되는데 여태까지 정기적으로 간초음파와 간암표지자검사를 안 받고 있다면 국민건강보험공단에 전화로 문의해보기를 바란다. 담당자에게 본인이 간암 검진 대상자가 맞는지 먼저 물어보고 아니라면 위의 조건을 만족하는데 왜 대상자가 아닌지 확인해보면 된다.

검진 기록지는 건강상태 변화 기록부

바쁘고 귀찮다는 이유로 국가건강검진을 하지 않는 사람들이 종종 있는데 나는 꼭 하라고 권유하고 싶다. 물론 전 국민을 대상으로 하다 보니 검사 항목의 가짓수가 적어서 많은 정보를 얻을 수는 없다. 하지만 이 정도 검사만이라도 하면 일부 환자들은 질병이 초기에 발견될 수 있다.

예를 들어 고혈압이나 당뇨병으로 인한 증상을 느껴서 병원을 찾아갈 정도가 되려면 이미 발병 시점으로부터 오랜 시간이 지난 후다. 하지만 국가건강검진만 잘 받아도 이러한 질환은 비교적 초기에 진단이 가능하다.

정기적으로 국가건강검진을 하면 결과지를 보관해두었다가 다음 검진 때 결과를 비교해보면서 나의 상태 변화를 알 수 있다. 또한 본인의 건강상태에 다시 한 번 관심을 갖고 이상 소견이 있으면 앞으로 어떻게 주의를 기울여야겠다고 다짐하는 계기가 되기도 한다.

| 국가건강검진표 |

님(:　　　　)

•혈액검사 결과는 검진기관별로 검사방법 등에 따라 정상A, 정상B, 질환의심 기준 수치가 다를 수 있습니다.

구분	목표질환	검사항목	결과 (참고치)
계측검사	비만/복부비만	키 (cm) 및 몸무게 (kg)	/
		체질량지수 (kg/m²)	□ 저체중 (18.5미만)　□ 정상 (18.5-24.9)　□ 과체중 (25-29.9)　□ 비만 (30이상)
		허리둘레 (cm)	□ 정상　□ 복부 비만(남 90이상, 여 85이상)
	시각이상	시력(좌우)	/　□ 교정
	청각이상	청력(좌우)	/　□ 정상　□ 질환의심(40dB 이상)
	고혈압 (수축기/이완기)	/　mmHg	□ 정상　□ 유질환자 □ 고혈압 전단계(수축기 120-139 또는 이완기 80-89) □ 고혈압의심(140 이상 또는 90 이상)

구분	목표질환	검사항목	결과	참고치	판정
혈액검사	빈혈 등	혈색소(g/dL)		남 13-16.5 여 12-15.5	□ 정상　□ 기타 □ 빈혈의심
	당뇨병	공복혈당(mg/dL)		100미만	□ 정상　□ 유질환자 □ 공복혈당장애 의심　□ 당뇨병 의심
	이상지질혈증	총콜레스테롤(mg/dL)		200미만	□ 정상 □ 고콜레스테롤혈증 의심 □ 고중성지방혈증 의심 □ 낮은 HDL 콜레스테롤 의심 □ 유질환자
		고밀도 콜레스테롤(mg/dL)		60이상	
		중성지방(mg/dL)		150미만	
		저밀도 콜레스테롤(mg/dL)		130미만	
	신장질환	혈청 크레아티닌(mg/dL)		1.5이하	□ 정상 □ 신장기능 이상 의심
		신사구체여과율 (e-GFR) (mL/min/1.73m²)		60이상	
	간장질환	AST(SGOT)(IU/L)		40이하	□ 정상 □ 간기능 이상 의심
		ALT(SGPT)(IU/L)		35이하	
		감마지티피(γGTP)(IU/L)		남 63이하 여 35이하	

요검사	요단백	□ 정상　□ 경계　□ 단백뇨 의심
영상검사	흉부촬영	□ 정상　□ 비활동성 폐결핵　□ 질환의심:　□ 기타:

진찰 (문진)	과거병력		약물치료	
	생활습관	□ 금연 필요　□ 절주 필요　□ 신체활동 필요　□ 근력운동필요 • 담당 의사와 상담하십시오.		

	실시대상자 여부	결과	
B형 간염	□ 해당　□ 비해당	표면항원	□ 일반　□ 정밀 (　)
		표면항체	□ 일반　□ 정밀 (　)
		□ 항체 있음　□ 항체 없음　□ B형 간염 보유자 의심　□ 판정보류	
우울증	□ 해당　□ 비해당	□ 우울증상이 없음 (0~4점)　□ 가벼운 우울증상 (5~9점) □ 중간 정도 우울증 의심 (10~19점)　□ 심한 우울증 의심 (20~27점)	
인지기능장애	□ 해당　□ 비해당	□ 특이소견 없음 (0~5점) □ 인지기능 저하 의심 (6점 이상)	
골밀도검사	□ 해당　□ 비해당	□ 정상　□ 골감소증　□ 골다공증	
노인신체기능검사	□ 해당　□ 비해당	□ 정상　□ 신체기능저하	
노인기능평가 (문진)	□ 해당　□ 비해당	낙상	□ 정상　□ 낙상 고위험자
		일상생활 수행능력	□ 정상　□ 일상생활 도움 필요
		예방접종	□ 인플루엔자 접종 필요 □ 폐렴구균 접종 필요 □ 접종 필요 없음
		배뇨장애	□ 정상　□ 배뇨장애 의심

2장

건강검진 결과지를 읽다 보면 생기는 궁금증 16가지

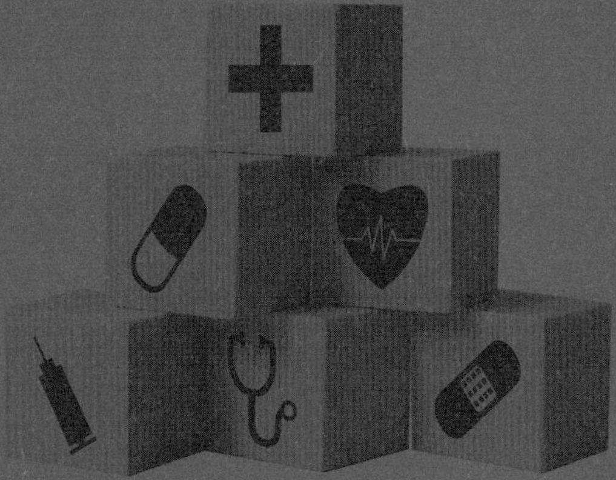

혈압이 높다는 진단을 받았을 때

고혈압이란 무엇인가?

혈압이란 혈액이 혈관벽에 미치는 압력을 의미한다. 고혈압이란 높은 쪽 혈압(수축기 혈압)이 140mmHg 이상이거나 낮은 쪽 혈압(이완기 혈압)이 90mmHg 이상일 때로 정의한다. 그리고 수축기 혈압과 이완기 혈압이 각각 120mmHg, 80mmHg 미만을 모두 만족할 때 정상 혈압이라고 한다. 2019년 발표된 국민건강영양조사에 따르면 2018년 우리나라 30세 이상 성인의 약 28%가 고혈압이 있다고 한다.

혈압은 하루 동안에도 수시로 변한다. 운동, 스트레스, 알코올이나 카페인 섭취 등 다양한 요인이 혈압에 영향을 미치기 때문이다. 또한 일반적으로 야간에 측정한 혈압은 주간에 측정한 혈압에 비해 10~20% 낮다. 따라서 진료실에서 한 번 측정한 혈압이 높다고 바로 고혈압 진단을 하지는 않는다. 서로 다른 날 혈압을 측정해 최소 2~3회 이상 고혈압의 기준을 만족해야 비로소 고혈압이라고 확진할 수 있다.

혈압은 측정 전 최소 5분 이상 조용한 환경에서 안정을 취해야 한다. 또한 측정하기 최소 30분 전에는 알코올이나 카페인 섭취, 흡연을 하지 않아야 한다. 그리고 1~2분 간격을 두고 적어도 2회 이상 혈압을 측정해야 한다. 나는 혈압이 높게 측정된 환자의 경우 최소 10~15분 이상 등받이 있는 의자에 편하게 앉아서 쉰 다음에 다시 측정해보자고 권유하기도 한다.

다른 데서 측정하면 혈압이 정상인데 병원에만 오면 혈압이 높아진다고 호소하는 사람들이 있다. 이런 이들은 백의고혈압인 경우가 많다. 백의고혈압이란 병원에서 측정한 혈압이 140/90 mmHg 이상이고 가정에서 측정한 혈압은 135/85 mmHg 미만인 경우로 정의한다. 백의고혈압이 있는 경우 평소 가정에서도 정기적으로 혈압을 측정하는 것이 정확한 혈압 평가를 위해 더욱 중요하다. 가정에서 측정하는 혈압은 진료실 혈압보다 고혈압 환자에서 심뇌혈관질환 발생 가능성을 예측하는 데 더 유리하다는 보고도 있다.[3]

가정에서 측정한 혈압은 진료실보다 평균적으로 낮다. 따라서 가정에서 측정한 혈압을 대상으로 한 고혈압의 진단 기준은 수축기 혈압 135mmHg 이상 또는 이완기 혈압 85mmHg 이상이다.

증상도 없는데 왜 혈압약을 먹어야 할까?

대부분의 고혈압 환자가 초기에는 증상이 없다. 따라서 건강검진이나 다른 문제로 병원에 갔다가 고혈압 진단을 받는 경우가 많다. 그러다 보니 진료실에서 고혈압이라고 처음 진단을 받으면 '증상도 없는데 내가 무슨 고혈압이냐', '난 아무렇지도 않다. 약 안 먹겠다'라고 반응하는 경우를 종종 볼 수 있다.

고혈압은 심장혈관·뇌혈관질환의 매우 중요한 위험인자다. 당뇨병이나 고지혈증보다 기여도가 훨씬 더 크다. 대표적인 심장혈관·뇌혈관질환으로는 협심증, 심근경색, 뇌출혈, 뇌경색 등이 있다. 협심증과 심근경색은 심장에 혈액을 공급하는 관상동맥의 혈류 공급에 문제가 생겼을 때 생긴다. 관상동맥이 좁아져서 심장 근육으로 가는 혈류 공급이 감소하여 협심증이 발생한다. 심근 경색은 보다 위급한 상태로, 관상동맥이 막히면서 심장 근육에 혈액 공급이 전혀 되지 않아 심장 근육이 괴사되어 발생하는 질환이다.

혈압약을 먹으면 단순히 혈압만을 낮추는 것이 아니라 이러한 심장혈관·뇌혈관질환의 발생 가능성을 낮출 수 있다. 따라서 고혈압을 진단받았다면 혈압약을 반드시 먹어야 한다. 그렇다면 어떤 사람이 혈압검사를 받아야 할까? 만 40세 이상, 비만, 고혈압 가족력이 있는 경우, 또는 고혈압전단계(수축기 혈압 130~139mmHg 또는 이완기 혈압 80~89mmHg)인 경우는 매년 진료실에서 혈압을 측정해 고혈압 발생 여부를 확인해야 한다.[4]

왜 고혈압이 있으면 혈관 질환이 잘 생길까?

혈관벽은 여러 층으로 구성이 되어 있는데 이 중 가장 안쪽 벽인 '내막'은 '내피세포'로 구성되어 있다. 그런데 고혈압이 생기면 이 내피세포의 기능이 떨어져서 LDL 콜레스테롤과 같은 물질들이 혈관벽을 더 쉽게 공격하게 된다. 즉 각종 찌꺼기가 혈관벽에 쌓이면서 혈관은 점점 좁아진다. 오래된 수도관 안쪽 벽에 녹이 슬고 찌꺼기가 쌓이는 과정을 떠올리면 된다.

이렇게 각종 찌꺼기들이 쌓이다가 부피가 너무 커지거나 다른 자극에 의해 찌꺼기들로 이루어진 덩어리가 터지면 그 속에 들어 있는 이물질들이 한꺼번에 쏟아져 나오면서 혈관을 막아버리는데, 이것이 심근경색의 대표적인 기전이다.

혈압약은 평생 먹어야 하나?

체중이 60kg이던 사람이 갑자기 살이 쪄서 80kg이 되었고 이로 인해 고혈압이 갑작스레 생긴 경우를 생각해보자. 이러한 경우 혈압약을 복용함과 동시에 체중감량도 성공적으로 한다면 혈압 추세를 보면서 혈압약을 중단해볼 수도 있다. 또한 나이가 70~80대가 되면서 이전에 비해 혈압이 감소해 혈압약을 끊게 되는 경우도 있다. 하지만 이러한 경우를 제외한 대부분의 경우는 혈압약을 꾸준히 복용해야 한다.

가끔 혈압약을 2~3개월 먹고 혈압이 정상 범위가 되면 약을 그만 먹어도 되는 것 아니냐고 묻는 사람들도 꽤 있다. 때로는 자의적으로 끊고 병원에 오지 않는 사람들도 있다. 하지만 혈압약을 먹고 있기 때문에 혈압이 정상 수치로 유지되는 것일 뿐 갑자기 혈압약을 중단하면 대부분 다시 혈압이 오르게 된다. 혈압 조절이 매우 잘 되는 것 같아서 혈압약을 끊어보고 싶거든 꼭 처방해주던 의사와 상담 후 결정하기를 바란다.

어지러우면
다 빈혈이다?

빈혈, 같은 말 다른 반응

어지럼증은 매우 다양한 상황이나 질환에 의해 발생할 수 있다. 그래서 어지럽다는 환자를 진료할 때면 환자에게 최대한 많은 정보를 끌어내기 위해 여러 가지 질문을 한다. 그중에 하나가 "빈혈 있다고 들은 적 있으신가요?"이다.

이 질문에 "네, 저 빈혈 있어요"라고 대답하는 환자들이 종종 있는데, 그들에게 나는 "빈혈이 있다는 것을 어떻게 알게 되셨나요? 수치가 얼마나 낮다고 들으셨어요?"라고 꼭 되묻는다.

이에 대한 가장 흔한 대답은 "가끔 핑 하고 어지럽거든요"이다. '빈혈'이라는 같은 단어를 두고 나와 환자가 전혀 다르게 사용한 결과다.

어지러움을 느끼는 환자들 중 '나는 어지럽다 → 어지럽다는 것은 빈혈이 있다는 것이다 → 빈혈이 있으니 철분제를 먹어야겠다'라는 경로로 사고를 하고서, 약국에 가서 철분제를 임의로 사 먹는 사람도 있다. 하지만 이러한 사고 과정에는 3가지 오류가 있다.

빈혈에 이르는 3가지 오류

첫째, 어지럽다고 다 빈혈은 아니다. 빈혈의 대표적인 증상이 어지럼증이기는 하지만, 빈혈은 어지럼증 원인의 일부만을 차지한다. 어지럼증의 원인은 이석증, 평형감각을 담당하는 전정기관 이상, 중추신경계 이상, 순환기계 이상, 기립성저혈압, 전해질 이상 등 매우 다양하다.

빈혈은 어지럼증 동반 여부로 진단하는 질환이 아니라 헤모글로빈(다른 말로는 혈색소)의 농도로 진단한다. 혈액 내에는 적혈구, 백혈구, 혈소판 등 여러 종류의 세포들이 존재하는데 이 중 전신 곳곳에 산소를 운반하는 배달부 역할을 하는 세포가 적혈구다. 이 적혈구에서 산소와 결합하는 단백질 성분이 바로 헤모글로빈이다. 적혈구(=배달부)가 갖고 있는 헤모글로빈(=택배 상자)에 산소(=택배 물건)가 결합하게 된다. 세계보건기구(WHO)에 따르면 헤모글로빈의 혈액 내 농도가 남성은 13g/dL 미만, 여성은 12g/dL 미만, 임산부는 11g/dL 미만일 때를 빈혈이라고 한다.

소화기 내과 전공의 시절 헤모글로빈 수치가 3.0g/dL로 다른 병원에서 우리 병원 응급실로 의뢰된 환자가 있었다. 그 수치를 보고 나는 너무 놀라 응급으로 수혈을 신청하고 응급 내시경 스케줄을 잡고 난리법석이었는데 정작 환자는 아무런 증상이 없어서 당황스러웠던 경험이 있다. 환자는 얼굴이 백지장처럼 하얗게 보일 정도였는데, 평소에 불편한 것이 없냐고 묻는 내 질문에 너무나도 평온하게 특별히 없다고 답했다.

만성적으로 빈혈이 진행된 경우에는 몸이 서서히 그에 적응하기 때문에 헤모글로빈 수치가 매우 낮음에도 불구하고 이 환자처럼 오히려 어지럼증 같은 증상을 못 느끼기도 한다.

둘째, 빈혈 중에 철분이 부족한 철결핍성 빈혈이 가장 흔하기는 하지만 비타민B_{12} 결핍성 빈혈, 엽산 결핍성 빈혈, 만성질환에 의한 빈혈, 용혈성 빈혈 등 다른 종류의 빈혈도 있다. 따라서 빈혈이 있다고 해서 모두 다 철분제를 먹어야 하는 것은 아니다.

셋째, 철결핍성 빈혈의 흔한 원인은 출혈이다. 부인과 질환에 의한 월경 과다가 원인일 수도 있고, 위나 장에서 일어나는 출혈이 원인일 수도 있다. 따라서 철결핍성 빈혈이라고 해도 단순히 철분제만 임의로 복용하는 것은 옳지 않으며 철결핍성 빈혈이 발생한 원인을 파악하고 그 원인을 해결하는 것 역시 중요하다.

예를 들어 자궁근종으로 인해 생리양이 많을 경우에도 철결핍성 빈혈이 발생할 수 있다. 이럴 때는 철분제만 먹고 말 것이 아니라, 자궁근종의 크기, 빈혈의 정도, 나이를 감안해서 철결핍성 빈혈의 원인인 자궁근종에 대한 치료도 고려해야 한다.

일어설 때만 어지럽다면 기립성저혈압을 의심하자

어지럼증으로 진료했던 사례 중 기억에 남는 두 환자를 소개하고자 한다. 50대 중반 여성이 남성과 함께 근심 어린 얼굴로 진료실에 들어왔다. 환자는 가끔 어지러운 증상이 있는데, 이런 상태가 1년 정도 되었다며 걱정이라고 했다. 환자를 진료해봤지만 특별한 기저질환은 없었고 혈압과 맥박도 정상이었다. 문진 결과 환자가 평소에는 어지럽지 않은데 갑자기 일어설 때만 가끔 어지럽다는 것을 알게 되었다. 이러한 경우에는 기립성저혈압을 의심해볼 수 있다.

기립성저혈압은 앉아 있거나 누워 있다가 갑자기 일어났을 때 혈액이 뇌로 제때 전달되지 못해 뇌로 가는 혈류량이 일시적으로 감소함으로써 발생한다. 보통 갑자기 일어설 때 핑 도는 느낌 또는 눈앞이 잠깐 깜깜해지는 느낌이 든다고 호소한다. 누운 상태에서 측정한 혈압에 비해 일어선 직후 3분 이내에 측정한 수축기 혈압이 20mmHg 이상, 이완기 혈압이 10mmHg 이상

감소했을 경우 기립성저혈압이라고 정의한다.[5]

이러한 증상은 다리 근육량이 부족한 사람에게서 더 쉽게 나타날 수 있다. 하체로 간 혈액을 다시 심장으로 올려주기 위해서는 다리 근육이 정맥을 적절하게 압박해주어야 하기 때문이다.

심기능 저하, 탈수, 전해질 불균형, 약물, 당뇨병, 말초신경병증 등에 의해서도 기립성저혈압이 유발될 수 있다. 따라서 평소 건강에 전혀 문제가 없는 상태에서 간헐적으로 기립성저혈압이 의심되는 증상을 보이면 우선 기립성저혈압 증상을 예방할 수 있는 방법을 먼저 실행해보는 것이 좋다. 고령이나 기저질환이 있는 사람 또는 어지럼증이 매우 자주 발생하는 경우에는 진료를 보기를 추천한다.

기립성저혈압 예방법

기립성저혈압이 의심될 때는 다음과 같은 예방법을 실천해볼 수 있다.

첫째, 일어날 때 천천히 움직인다(주변에 있는 물건을 붙잡고 천천히 일어나는 것도 방법이다).

둘째, 오래 눕거나 앉아 있을 때 중간중간 무릎을 구부리거나 발과 다리가 수직이 되도록 발뒤꿈치를 당겨주는 등 하체를 자극한다.

셋째, 탈수를 예방한다. 특히 수분 손실이 많은 여름이나 운동 후에는 충분한 수분 섭취가 필요하다. 카페인 또는 알코올은 탈수를 일으킬 수 있으므로 섭취를 줄이는 것이 좋다.

넷째, 고혈압 약이나 전립선비대증 약 등 복용 중인 약 때문에 증상이 생길 수도 있으니 약을 처방해준 의사에게 상담한다.

이러한 방법들을 실천했는데도 일상생활에 불편함을 느낄 정도로 증상이 지속되면 순환기 내과 의사와 상담을 하는 것이 좋다. 앞의 환자는 간단한 신체 검진이나 병력에서 특별히 질환이 의심되는 소견은 없었다. 그래서 우선 한 달 정도 예방법을 실천해보고도 증상이 지속되면 추가적인 검사를 해보기로 하고 진료를 마쳤다. 환자는 뇌경색 같은 심각한 질환을 의심하고 왔는데 다행이라며 들어올 때보다 훨씬 밝은 표정으로 진료실을 나섰다.

미주신경성 실신은 심각한 질환이 아니다

20대 여성이 오전 9시 조금 넘은 시각에 진료를 보러 왔다. 지하철을 타고 출근하다가 갑자기 쓰러져서 회사에 병가를 내고 곧장 병원으로 왔다고 했다. 아무 기저질환이 없는 사람이었는데, 본인 머리에 문제가 있는 것 아니냐며 뇌MRI(Magnetic

Resonance Imaging, 자기공명영상) 같은 검사를 당장 해야 하는 건지 걱정스럽게 물었다.

환자에게 자초지종을 물으니, 사람이 많은 지하철 안에 서 있던 중 식은땀이 나고 속이 불편하더니 눈앞이 하얘지면서 쓰러졌다고 했다(환자들의 쓰러졌다는 말은 매우 모호한 표현이므로 상황을 자세히 물어보아야 한다). 의식을 완전히 잃은 것은 아니었고, 입에 거품을 물거나 용변을 보지는 않았다고 했다. 1~2년 전에도 비슷한 상황에서 유사한 증상이 한 번 있었다고 했다. 환자의 혈압과 맥박은 모두 정상이었다. 나는 '미주신경성 실신'인 것 같으니 당장 뇌MRI를 찍지는 않아도 될 것 같다고 설명했다.

미주신경은 총 12종류의 뇌신경 중 열 번째에 해당하는 신경으로 자율신경계 중 부교감신경계를 구성한다. 미주신경성 실신이란 이 신경이 과도하게 작동해서 발생하는 것이다. 심장박동이 느려지고 혈압이 떨어지면서 뇌로 가는 혈류량이 일시적으로 감소해 발생한다. 교감신경이 과하게 흥분한 경우 이를 억누르기 위해 부교감신경에 해당하는 미주신경이 과하게 흥분하면서 오작동이 발생하는 것이다.

오래 서 있거나, 심하게 기침을 하거나, 심한 운동을 하거나, 극심하게 긴장을 하거나, 대소변을 오래 참는 상황 등에서 자주 나타나고 주로 젊은 층에서 나타난다. 공기가 탁하거나 덥고 사람이 많은 환경에서 더욱 자주 발생한다. 출퇴근 시간에 사람이 많은 버스나 지하철에 서 있다가 발생하는 경우가 흔하다(쓰러졌을 때 입에 거품을 물거나 눈이 돌아가거나 용변을 보는 등의 증상이 동반되었을 때는 미주신경성 실신이 아니라 다른 원인에 의한 경련 발작을 의심해보아야 한다).

실신의 전조 증상 알아차리기

미주신경성 실신은 대부분 실신하기 전에 전조 증상을 느낀다. 가슴이 답답하거나 속이 메스껍거나 식은땀이 나는 등의 증상이다. 이러한 전조 증상을 느낀 후에 갑자기 실신하게 된다. 의식을 완전히 잃는 경우도 있고, 때로는 의식은 있는데 자기도 모르게 몸에 힘이 빠져 스르르 주저앉는 경우도 있다. 그 후에는 대부분 특별한 조치 없이도 금방 상태가 회복된다. 임상적으로도 어느 정도 진단할 수 있지만, 기저질환이 있거나 증상이 애매할 경우에는 기립경 검사를 통해 진단할 수 있다.

미주신경성 실신은 일반인들 입장에서는 '쓰러졌다'고 받아들이기 때문에 앞에서 언급한 20대 여성처럼 건강에 큰 문제가 있는 것으로 오해하는 경우가 종종 있다. 하지만 그 자체로는 대부분 큰 문제가 없다. 다만 미주신경성 실신이 발생하는 과정에서 자신도 모르게 주변 물체나 바닥에 머리가 부딪혀 2차적으로 문제가 발생할 위험이 있다.

그러면 미주신경성 실신이 발생한 적 있는 사람은 어떻게 하는 것이 좋을까? 실신이 유발되는 상황을 피할 수 있으면 가장 좋다. 하지만 항상 피하기란 쉽지 않다. 따라서 이러한 전조 증상을 느끼면 되도록 즉시 눕거나 앉아서 쉬는 것이 좋다. 눕거나 앉을 공간이 마땅치 않은 경우라면 양쪽 무릎을 세운 채로 바닥에 쪼그리고 앉는 것이 좋다. 단, 미주신경성 실신의 발생 빈도가 잦다면 순환기 내과 진료를 보기를 추천한다.

공복혈당이 높다는 건
무슨 의미인가?

공복혈당과 당뇨병의 상관관계

어떤 종류의 건강검진을 하든 항목에 반드시 포함되어 있는 것 중 하나가 공복혈당이다. 공복혈당이란 8시간 이상 금식 후 측정한 혈액 내 포도당 수치다. 정상 수치는 100mg/dL 미만이다. 원칙적으로는 서로 다른 날 공복혈당을 측정해서 두 번 모두 126mg/dL 이상 측정될 경우 '당뇨병'이라고 진단할 수 있다.

검진 결과를 설명하다 보면 공복혈당이 100mg/dL 이상인 경우를 종종 볼 수 있다. 정상도 아니고 당뇨도 아닌 100~125mg/dL는 뭘까? '공복혈당장애'라고 부른다. 이는 '당뇨병전단계'에 포함된다. 대한당뇨병학회가 발표한 자료에 따르면 2018년을 기준으로 30세 이상의 26.9%인 948만 명이 공복혈당장애를 가진 것으로 나타났다.[6] 따라서 공복혈당장애는 결코 나와 동떨어진 이야기가 아니다.

당뇨병전단계는 질병이다

당뇨병전단계는 특별한 증상이 없고 의사가 약을 처방하지 않기 때문에 '병이 아니다'라는 생각에 대수롭지 않게 여기는 경우가 많다. 하지만 당뇨병전단계(또는 공복혈당장애)라는 말을 들으면 경각심을 가져야 한다. 당뇨병전단계는 '당뇨병과 상관없는 상태'가 아니다. 단어에서 알 수 있듯이 당뇨병으로 가는 '전 단계'다. 즉, 추후 당뇨병으로 이어질 위험성이 높지만 아직은 약물치료 없이 생활습관 교정을 먼저 시도해볼 수 있는 상태라고 생각하면 된다.

외래에서 당뇨병을 진단하면 "예전에 혈당이 좀 높다는 얘기는 들은 적이 있지만 당뇨병이라는 얘기는 오늘 처음 듣는다"며 황당해하거나 검사 결과를 믿지 않으려는 경우가 종종 있다. 이는 당뇨병전단계가 이미 당뇨병으로 가고 있는 단계, 즉 넓은 의미의 질병이라는 것을 인지하지 못함으로써 나타나는 반응이다.

따라서 당뇨병전단계인 경우 나는 최소 1년에 한 번은 공복혈당과 당화혈색소 검사를 해보라고 권유한다. 수치가 높은 정도에 따라 3~6개월 뒤 재검을 권유하기도 한다(공복혈당이 110~125 mg/dL인 경우 경구당부하 검사를 고려해야 하지만 과정이 번거로워서 일반 의원에서는 잘 시행하지 않는다).

당뇨병전단계로 진단받은 이후 집에서 꾸준히 공복혈당을 측정했는데 계속 100mg/dL 초반대로 나온다며 아직 당뇨병이 아니라고 안심하는 사람들도 가끔 있다. 하지만 자가혈당측정기로 측정한 값은 실제 본인의 혈당보다 낮은 경우가 많다. 정확한 평가를 위해서는 병원에서 정기적으로 추적 관찰하는 것이 좋다.

당뇨병은 하루아침에 생긴 병이 아니라 수년 전부터 진행된 결과물이다. 당뇨병전단계인 사람들 중 연간 5~10%가 당뇨병으로 진행되는 것으로 알려져 있다.[7] 따라서 공복혈당장애는 당뇨병으로 진행되는 과정을 미리 발견한 것이라고 볼 수 있다.

공복혈당과 당화혈색소 검사는 무슨 관계인가?

당뇨병 진단에는 여러 방법이 있지만 대표적으로 공복혈당과 당화혈색소를 많이 사용한다. 당화혈색소(HbA1c)는 공복 여부와 관계없이 검사가 가능하다. 또한 최근 2~3개월간의 평균적인 혈당 조절 정도를 잘 반영하므로 당뇨병을 진단할 때 가장 많이 쓰이는 검사다. 당뇨병 환자를 치료하고 추적 관찰할 때도 기본이 되는 검사다.

당화혈색소가 6.5% 이상이면 당뇨병으로 진단한다. 단, 공복 혈당이 126mg/dL 이상으로 측정된 날 당화혈색소까지 6.5% 이상이면 당뇨병으로 진단한다. 또는 서로 다른 날 측정해 두 번 모두 당화혈색소가 6.5% 이상이 나와야 당뇨병으로 진단한다.[8]

당화혈색소는 5.6% 이하가 정상이다. 중간 수치인 5.7~6.4%는 무슨 의미일까? 그것 역시 당뇨병전단계를 의미한다.

당뇨병이 되지 않으려면 어떻게 해야 하는가?

뻔한 말일 수 있지만 당뇨병을 예방하는 데에는 규칙적인 운동, 식단 조절, 체중감량 같은 생활습관 개선이 기본이다. 여기서 규칙적인 운동이란 최소 일주일에 3회 이상 숨이 차고 땀이 날 정도의 운동을 한다고 생각하면 된다. 특히 과체중이나 비만인 경우는 초기 체중에서 5~10%를 감량하는 것이 중요하다.

이론적으로 탄수화물, 지방, 단백질이 골고루 들어 있는 균형 잡힌 식단이 좋지만 이런 말은 쉽게 와닿지가 않는다. 그래서 나는 외래에서 주로 흰쌀밥, 빵, 떡, 국수, 과자, 음료수, 삼겹살, 튀김류의 섭취를 줄이고 단백질(살코기, 두부, 달걀 등)과 채소의 섭취를 늘리라고 설명한다.

과일은 건강에 좋다는 생각 때문에 당뇨병전단계임에도 과일을 많이 먹는 사람들이 종종 있는데, 과일 역시 혈당을 높이므로 많이 먹는 것은 좋지 않다. 나는 당뇨병전단계이면 과일은 성에 차지 않게 부족한 듯 먹으라고 설명한다.

당뇨병전단계는 오히려 기회일 수 있다

당뇨병전단계는 자신의 의지와 노력만으로 정상 혈당으로 돌아올 수 있는 좋은 기회다. 문제는 생활습관 개선이 말처럼 실천하기가 결코 쉽지 않다는 것이다. 하지만 '생활습관 개선'이란 당뇨병을 예방하기 위한 '처방전'인 셈이다.

당뇨병이 있으면 에너지로 쓰고도 남은 당분(포도당)이 혈액 내에 지나치게 많아서 피가 끈적해진다. 이러한 혈액이 온몸을 타고 돌면서 혈관에 손상을 유발한다. 대표적으로 당뇨병성 망막병증, 당뇨병성 신증, 당뇨병성 신경병증, 당뇨병성 족부병변(당뇨발), 말초혈관 질환, 뇌졸중, 심근경색 등의 합병증이 생길 수 있다. 당뇨병이 걸리는 순간 전신 혈관 어디든지 질병이 발생할 수 있다는 사실을 염두에 둬야 한다. 당뇨병이 걸린 후에 평생 그러한 위험을 안고 사는 것보다는 당뇨병으로 진행하지 않도록 꾸준히 노력하며 사는 것이 훨씬 낫지 않을까.

단 음식을 많이 먹으면 당뇨병에 걸리나?

당뇨병은 왜 생기는가?

당뇨병이 처음 진단된 환자들에게 자주 듣는 말이 몇 가지 있다. 여기서는 그중 4가지를 소개하려고 한다.

첫 번째는 “저는 단 거 많이 안 먹는데요”이다. 사실 당뇨병은 단 음식을 많이 먹어서 생기는 병이 아니다. 물론 단 음식을 많이 먹는 것이 당뇨병 발생에 기여할 수는 있다. 하지만 당뇨병 발생에 가장 큰 영향을 미치는 것은 ‘인슐린’이라는 호르몬이다.

인슐린은 췌장의 베타세포에서 분비되어 혈액을 타고 전신을 돌아다니면서 체내 여러 중요한 장기의 세포 속으로 포도당을 넣어주는 역할을 한다. 그리고 장기들은 포도당을 원료로 일을 한다. 이 인슐린 분비가 감소하거나 충분한 양의 인슐린이 분비되어도 제대로 작용하지 못할 때 당뇨병이 발생한다. 여기에는 유전적 요인뿐만 아니라, 비만, 나이, 식생활 습관, 운동 부족, 스트레스, 약물, 기저질환 등 매우 다양한 요인들이 복합적으로 기여한다.[9]

두 번째는 "저희 부모님이 당뇨병이 있으세요"이다. 이 말에는 '타고난 거라 어쩔 수 없다'는 약간의 체념이 담겨 있다. 당뇨병이 유전성이 있는 것은 맞다. 하지만 부모님이 당뇨병이 있다고 해서 자녀도 반드시 발생하는 것은 아니다.

대한당뇨병학회의 자료에 따르면 부모 중 한 명에게 당뇨병이 있을 때 자녀에게 당뇨병이 발생할 확률은 15%이고 부모 모두 당뇨병이 있을 때는 약 30%이다. 따라서 '부모님이 당뇨병이니 나도 당연히 그렇겠지'라는 입장보다는 '부모님이 당뇨병이니 내가 더 주의해야겠다 또는 조기 발견을 해야겠다'고 생각하는 것이 더 올바른 태도이다. 많은 종류의 암이 유전성이 있지만 부모님이 특정 암에 걸렸으니까 '나도 걸리는 것이 당연하지'라고 생각하는 사람은 없지 않은가.

세 번째는 "저는 아무 증상이 없는데요"이다. 당뇨병이 치료 없이 방치되어 지속적으로 고혈당에 노출되면 '다갈(갈증 때문에 지나치게 물을 많이 마시고 싶은 상태), 다뇨(1일 총배뇨량이 정상보다 많은 상태)'가 발생하고 더 심해지면 단백질을 에너지원으로 쓰게 되면서 근육이 손실되어 체중이 급격하게 감소한다. 하지만 당뇨병이 심해지기 전에는 증상이 거의 없다.

네 번째는 "우선 약 없이 식이요법과 운동으로 해볼게요"이다. 이 말을 들을 때마다 참 안타깝다. 다수의 사람들이 국가건강검진과 채용검진 등으로 인해 혈액검사를 할 기회가 1~2년에 한 번은 있다. 평소 건강에 관심을 끊고 사는 사람이 아니라면 당뇨병이 오기 전에 '공복혈당이 높다'는 말을 최소 한 번 이상은 들었을 것이다. 당뇨병이 어느 날 갑자기 생기는 사람은 거의 없다. 그런데 왜 진작 식이요법과 운동을 하지 않고서 당뇨병이 진단된 후에야 약물 치료 없이 해보겠다는 것인지 매우 안타깝다.

처음부터 인슐린 치료가 필요한 환자는?

당뇨병 환자라고 해서 모두 인슐린 치료부터 시작하는 것은 아니다. 인슐린 치료를 하는 경우는 대표적으로 2가지다(여기서 말하는 당뇨병은 제2형 당뇨병에 한한다). 첫 번째는 생활습관 교정과 경구약제만으로는 혈당 조절이 불량할 경우, 두 번째는 당뇨병 진단 시 당화혈색소가 9% 이상인 중증고혈당인 경우 처음부터 인슐린 치료를 고려한다.[10] 특히 다갈, 다뇨, 체중 감소 등의 증상까지 동반되면 더욱더 적극적으로 고려해볼 수 있다.

혈당을 조절하는 체내 호르몬인 인슐린은 당뇨병 기전에서 가장 중요한 부분을 차지한다. 보통 당뇨병을 진단받을 당시 췌장은 이미 인슐린을 분비하는 기능이 50% 이하로 감소된 상태다.[11] 쉽게 말해 혈당이 계속 높은 상태로 유지되니까 이를 낮추기 위해 인슐린을 과하게 분비하는 과정에서 췌장이 서서히 지쳐가는 것이다.

당뇨병 환자에게 인슐린을 주사하면 췌장은 인슐린을 많이 분비하기 위한 과한 노동을 더 이상 하지 않아도 된다. 따라서 꼭 필요한 상황에서는 인슐린의 조기 치료가 장기적인 관점에서 환자의 췌장을 더 오래 잘 쓸 수 있도록 도와주는 방법이다.

당뇨병 환자의 이상적인 자세

당뇨병 치료에서 가장 이상적인 환자의 자세는 치료를 받으면서 식이요법과 운동도 병행하는 것이다. 당뇨병을 진단받은 후 약물이나 인슐린 치료에 대해 잘 받아들이는 환자들은 비교적 많지만, 식이요법과 적절한 운동까지 병행하는 이들은 생각보다 많지 않다. 당뇨병에 대해 약만 먹으면 잘 치료되겠지 하며 안심하는 것은 옳지 않다. 이것은 반쪽짜리 치료다. '생활습관 교정'은 당뇨병 치료의 기본이다.

결국 환자가 식이요법과 운동을 하면서 최소한의 당뇨약만으로도 혈당 조절이 잘되는 것이 가장 이상적인 상태다. 탄수화물 섭취는 총 에너지의 50~60% 정도로 줄이는 것이 좋다. 탄수화물을 섭취하더라도 전곡(현미, 통밀 등), 채소, 콩, 유제품 등으로 섭취하고 특히 설탕 섭취는 제한하는 것이 바람직하다.[12]

가능한 한 포화지방산이나 트랜스지방산은 섭취를 줄이고 불포화지방산으로 대체하는 것도 당뇨병 환자의 중요한 식이요법에 해당한다. 운동은 일주일에 총 150시간 이상, 최소 3일 이상 유산소운동을 하기를 권한다.

당뇨병 환자는 운동 전후로 혈당을 측정하는 것이 좋다. 운동 후 혈당이 호전되는 정도를 눈으로 확인할 수 있고 저혈당이 발생하는지도 알 수 있기 때문이다. 참고로 운동을 안 하다가 새로 시작하게 되었거나 운동량을 늘렸다면 당뇨약을 처방해 주는 의사에게도 알리기 바란다. 약제 조절이 필요할 수 있기 때문이다.

환자들이 당뇨약을 거부하는 이유

당뇨병 진단 후 약을 거부하는 환자들의 가장 큰 이유는 2가지다. 하나는 '당뇨약을 한번 먹기 시작하면 평생 끊을 수 없다'이고, 다른 하나는 '약을 먹으면 부작용이 생길 수 있다'고 생각하기 때문이다.

우선 당뇨약을 한번 먹기 시작하면 평생 끊을 수 없다는 말은 모든 사람에게 해당하는 말은 아니다. 당뇨병 진단 후에 철저한 식단 관리, 적정 체중 유지, 규칙적인 운동을 지속적으로 한다면 당뇨약을 끊고 정기적으로 추적 관찰 가능한 경우도 있다.

또 다른 이유인 '부작용'에 대해서 말하자면, 부작용 발생확률이 0%인 약은 없다. 하지만 부작용 때문에 당뇨약을 안 먹겠다는 사람들이 놓치는 것이 있다. 당뇨병 치료를 하지 않아 생길 수 있는 수많은 문제, 예를 들어 뇌경색, 뇌출혈, 협심증, 심근경색, 당뇨병성 망막병증, 당뇨병성 신증, 당뇨병성 족부병변(당뇨발) 등이 바로 그것이다. 당뇨약이 나에게 미칠 수 있는 해가 1이라면 당뇨약을 안 먹었을 때 나에게 미칠 수 있는 해는 100이라고 생각하면 쉽다.

고기를 잘 안 먹는데 왜 고지혈증인가?

고지혈증과 이상지질혈증의 구별

일반적으로 사람들이 '고지혈증 검사'라고 하면 총콜레스테롤, 중성지방, HDL 콜레스테롤(고밀도 콜레스테롤), LDL 콜레스테롤(저밀도 콜레스테롤) 항목을 포함한 혈액검사를 의미한다. 고혈압은 혈압을, 당뇨병은 공복혈당과 당화혈색소를 확인하면 되는 반면 고지혈증은 4가지 수치를 확인한다. 따라서 검사 결과를 보면 복잡하게 느껴지기도 한다.

4가지 항목 중 하나라도 정상 범위를 벗어나는 경우를 '이상지질혈증'이라고 지칭한다. 나머지 수치는 높을수록 나쁘지만, 높으면 좋은 수치가 하나 있다. 바로 HDL 콜레스테롤이다.

고지혈증이라는 단어의 의미를 그대로 풀어보면 혈중 지질이 '높다'는 뜻이다. 따라서 중성지방이나 LDL 콜레스테롤이 높거나 HDL 콜레스테롤이 낮은 모든 경우를 포함하는 정확한 용어는 '이상지질혈증'이다. 하지만 대부분의 환자들이 이 용어를 생소하게 여기므로 이 책에서는 편의상 고지혈증이라고 하겠다.

콜레스테롤도 좋은 게 있고 나쁜 게 있다?

결론부터 말하자면 HDL 콜레스테롤은 주로 '좋은 콜레스테롤' 또는 '혈관 청소부'라고 불리고 LDL 콜레스테롤은 '나쁜 콜레스테롤'이라고 불린다. 우선 총콜레스테롤은 혈중 내 전체 콜레스테롤을 반영하는 수치다. 따라서 같은 총콜레스테롤 값을 가진 환자에서도 중성지방, HDL 콜레스테롤, LDL 콜레스테롤 값은 각기 다를 수 있다.

중성지방이란 우리가 쉽게 생각하는 지방 덩어리를 떠올리면 된다. 체내 여기저기에 축적되기도 하고(뱃살이 대표적인 예다) 필요할 때 에너지원으로 쓰이기도 한다.

HDL, LDL이라는 말 자체는 콜레스테롤을 칭하는 말이 아니다. HDL, LDL은 체내에서 콜레스테롤 이동에 관여하는 지단백을 말한다. HDL이라는 지단백에 결합한 콜레스테롤을 HDL 콜레스테롤, LDL이라는 지단백에 결합한 콜레스테롤을 LDL 콜레스테롤이라고 칭한다.

HDL과 LDL은 모두 콜레스테롤과 중성지방이라는 작은 입자를 인지질과 아포지단백이라는 포장지로 포장하고 있는 형태다. 비유를 하자면 콜레스테롤이라는 '택배'는 인지질과 아포지단백으로 이루어진 '트럭'을 타고 혈관이라는 '도로'를 통해 세포로 운반된다. 이때 '택배+트럭'을 HDL 또는 LDL이라고 생각하면 된다.

이 둘의 이동경로는 정반대다. HDL은 혈관벽 및 전신 세포에서 출발해 간으로 콜레스테롤을 운반하는 반면에, LDL은 간에서 출발해 전신 세포로 콜레스테롤을 운반한다.

고지혈증이 위험한 이유

고지혈증의 원인은 비만, 식습관 문제, 음주, 흡연, 유전적 요인, 폐경, 당뇨병, 갑상선 기능 저하, 간질환 등 다양하다. 고지혈증이 지속되면 잉여 LDL이 혈관의 내벽 사이에 침착해 덩어리를 형성한다. 이 덩어리가 점점 커지면 혈액이 지나가는 통로가 좁아지거나 막히는 문제가 발생한다. 때로는 이 덩어리가 그 자리에서 떨어져 나와 다른 혈관을 갑자기 막기도 한다. 심장에 피를 공급하는 관상동맥이 막힌 경우를 심근경색, 뇌에 피를 공급하는 동맥이 막힌 경우를 뇌경색이라고 한다.

즉, 우리가 고지혈증을 진단하고 치료하는 가장 중요한 이유는 고지혈증이 이러한 심혈관 질환과 뇌혈관질환의 발생 확률을 증가시키기 때문이다. 참고로 2018년 우리나라의 사망 원인을 보면 1위가 암, 2위가 심혈관 질환, 3위가 폐렴 그리고 4위가 뇌혈관질환이었다. 그러므로 고지혈증을 치료한다는 것은 대표적인 사망 원인 중 2가지에 해당하는 심뇌혈관질환의 발생 확률을 줄일 수 있다는 것을 의미한다.

그렇다면 '총콜레스테롤, 중성지방, HDL 콜레스테롤, LDL 콜레스테롤' 4가지 항목 중 대체 무슨 수치를 봐야 할까? 우선 심뇌혈관질환의 발생에 가장 중요한 역할을 하는 LDL 콜레스테롤 수치를 먼저 확인한다. 그러고 나서 여력이 된다면 HDL 콜레스테롤, 중성지방 순으로 보면 된다(LDL 콜레스테롤과 HDL 콜레스테롤에 비하면 중성지방은 심뇌혈관질환의 발생에 미치는 영향이 적다. 반면 중성지방은 대사증후군, 당뇨병 등의 발생과 밀접한 영향이 있다).

고기 먹으면 무조건 나쁠까?

혈액검사 후 고지혈증이라고 진단했을 때 환자들이 자주 보이는 반응은 "저는 고기도 잘 안 먹는데 왜 고지혈증인가요?"라는 것이다.

고지혈증은 고기를 많이 먹는 사람들만 걸리는 병일까? 그렇지 않다. 원초적으로 생각해보면 우선 고기도 종류에 따라 지방의 함량이 다르다. '삼겹살 vs 안심'을 떠올려보면 그 차이를 느낄 수 있을 것이다.

고지혈증이라고 해서 무조건 고기를 제한하면 단백질 및 지방 섭취가 감소해 상대적으로 탄수화물 섭취가 증가할 수 있다. 그에 따라 중성지방 및 HDL 콜레스테롤 수치에 부정적인 영향을 미칠 수 있다. 따라서 '고지혈증의 주범은 고기다' 또는 '고지혈증이 있으면 고기를 먹지 말아야 한다'는 말은 틀린 것이다.

고지혈증 환자에서 적당한 양의 살코기 섭취는 오히려 식이조절이나 체중조절에 도움이 될 수 있다. 따라서 이제는 고지혈증이라는 이야기를 들으며 '고기를 많이 먹는지'부터 떠올릴 것이 아니다. 대신 앞에서 말한 고지혈증의 원인 중 내가 해당하는 것은 없는지 살펴보는 것이 더 적절할 것이다.

고지혈증 치료는 어떻게 해야 할까?

고지혈증 진단을 받으면 먼저 해야 할 일은 식이조절, 체중감량, 운동, 금연이다. 혈압이나 혈당이 높다면 이에 대한 조절도 필요하다. 이러한 생활습관 교정은 가장 기본이다. 하지만 안타깝게도 환자들이 가장 실천하지 않는 부분이기도 하다. 생활습관 교정이 필요하다고 설명하면 '의사가 아무것도 안 해준다'거나, '뻔한 소리만 한다'는 반응을 보이는 사람들이 많다.

LDL 콜레스테롤이 높은 경우 이를 낮추기 위한 가장 좋은 약제는 스타틴이다. 하지만 이전과 같은 생활습관을 그대로 유지하면서 스타틴만 복용하는 것은 바람직하지 않다. 위에서 말한 생활습관 교정은 반드시 선행되어야 한다. 당뇨병이나 고혈압은 약물 시작 기준이 비교적 간단한 반면, LDL 콜레스테롤은 약물 치료를 시작하는 기준이 세분화되어 있다. 그 사람이 갖고 있는 기저질환, 나이, 흡연, 가족력, HDL 콜레스테롤 수치 등 다양한 요인을 고려할 필요가 있다. 따라서 같은 LDL 콜레스테롤 수치를 보여도 A는 약을 안 먹는데 B는 먹어야 하는 경우가 발생할 수도 있다.

외래 환자들에게 많이 듣는 질문 중 하나가 'HDL 콜레스테롤은 어떻게 높이는가'이다(HDL 콜레스테롤을 높이는 것은 쉬운 일이 아니다). 앞에서도 말했듯이 규칙적인 운동과 금연이 중요하다. 그리고 불포화지방산의 섭취 비율을 늘린다. 여태껏 먹던 대로 다 먹으면서 불포화지방산 함량이 많은 음식까지 추가해서 먹으라는 의미가 아니다. 탄수화물과 트랜스지방산의 섭취를 줄이는 대신 불포화지방산 섭취를 늘리라는 것이다.

불포화지방산이 풍부한 음식으로는 대표적으로 등 푸른 생선(고등어, 연어, 꽁치, 참치 등), 아보카도, 아몬드 등이 있다. LDL 콜레스테롤까지 높은 상태라면 스타틴 약제 투여를 상담받는다.

마지막으로 중성지방이 높은 경우는 어떻게 해야 할까? 앞서 말한 HDL 콜레스테롤을 올리는 내용들과 유사한 부분이 많다. 탄수화물(특히 단순당)과 포화지방산 섭취를 줄이고, 식이섬유와 오메가-3를 섭취하는 것 또한 도움이 된다. 술을 즐겨 마시는 사람이라면 절주 또한 중성지방을 낮추는 데 도움이 된다.

고지혈증 검사 전 주의 사항

정확한 고지혈증 검사를 위해서는 혈액검사 전 12시간 이상 금식하는 것이 좋다. 검사 항목 중 특히 중성지방이 음식 섭취의 영향을 많이 받기 때문이다.

국가건강검진에서 고지혈증 검사는 4년 주기로 포함되어 있으므로 올해 고지혈증 검사를 받고 싶다면 병원에 검진 예약을 할 때 미리 확인해보는 것이 좋다. 올해 고지혈증 검사 대상자가 아니라면 추가 비용을 내고 검사할 수 있다. 올해 검사 대상이 아니었다면 결과가 쓰이는 칸에 '비해당'이라고 기록된다.

이 표를 해석할 때는 옆의 정상치를 참고해서 보면 된다. 맨 먼저 봐야 할 것은 저밀도 콜레스테롤(LDL 콜레스테롤) 항목이다. 심혈관계 합병증과 가장 밀접하게 관련되어 있기 때문이다.

같은 총콜레스테롤 수치를 보여도 아래 3가지 지질 수치들이 전혀 다른 양상을 보일 수 있으므로 총콜레스테롤 자체보다

| 국가건강검진의 고지혈증 결과표 |

이상지질혈증	총콜레스테롤(mg/dL)	내 결과	200 미만
	고밀도 콜레스테롤(mg/dL)	내 결과	60 이상
	중성지방(mg/dL)	내 결과	150 미만
	저밀도 콜레스테롤(mg/dL)	내 결과	130 미만

는 각각의 항목을 살펴보는 것이 중요하다. 고밀도 콜레스테롤(HDL 콜레스테롤)은 60mg/dL 이상이면 심혈관계 합병증의 보호인자, 40mg/dL 이하이면 위험인자로 간주한다(다수의 사람들이 40~60mg/dL이다).

45세 이상 남성, 55세 이상 여성에서 저밀도 콜레스테롤이 160mg/dL 이상으로 나왔다면 다른 기저질환이나 가족력이 전혀 없어도 우선 진료 상담을 받는 것이 좋다. 담배를 피우는 사람은 이보다 나이가 어려도 160mg/dL 이상이면 진료 상담을 받아보기 바란다.

술도 안 마시는데
왜 지방간인가?

술 안 먹어도 걸리는 지방간

건강검진 목적으로 복부초음파를 하는 환자들에게 가장 흔히 나타나는 소견 중 하나는 지방간이다. 지방은 일반적으로 지방세포에 저장되지만 특수한 경우 간세포 내에 저장되기도 한다. 지방간이란 간 내에 지방이 비정상적으로 많이 축적된 상태로 5% 이상의 간세포에 지방이 침착된 경우로 정의한다.[13]

지방간은 크게 두 종류로 나눌 수 있다. 알코올성 지방간과 비알코올성 지방간이다. 알코올성 지방간은 만성적인 과음으로 인해 간세포에 지방이 과잉 축적된 상태인데, '술을 많이 마시면 지방간이 잘 생긴다'는 것은 익히 알려져 있다. 그러다보니 진료실에서 "저는 술도 거의 안 마시는데 왜 지방간이 있나요?"라는 질문을 자주 듣는다.

과체중이면 걸리기 쉽다

위와 같은 질문을 하는 사람들에게 발생한 지방간은 대부분 '비알코올성 지방간'이다. 비알코올성 지방간은 의학적으로 의미 있는 음주량(남자는 소주 약 3병/1주, 여자는 소주 약 2병/1주)을 섭취하지 않는 사람에게서 발생하는 지방간으로 유병률이 16~33%로 알려져 있다. 대표적인 원인으로는 비만, 당뇨병, 고지혈증, 대사증후군 등이다.[14]

비알코올성 지방간의 치료법은 운동과 식이조절 같은 생활습관 교정을 통한 체중감량이다. 치료의 목표는 본인 체중의 7~10%를 줄이는 것이다. 동반되는 당뇨병이나 고지혈증이 있다면 이 역시 적절한 치료가 필요하다. 또한 기름진 음식은 되도록 피하고, 고기는 살코기 위주로 먹는 것이 좋다. 빵, 떡, 국수, 과자, 달콤한 음료수는 피하고 저탄수화물 식이요법을 해야 한다.

가끔 정상 체중 환자에서도 비알코올성 지방간이 보일 때가 있다. 나는 그럴 때 환자의 체성분 검사를 시행해 체지방 비율을 확인하고 체지방을 몇 킬로그램 정도 줄이는 대신 근육량을 그만큼 늘려야 한다고 설명해 주고는 한다.

실제로 지방간이라는 말을 듣고 진료실을 나선 후에도 생활 습관을 전혀 바꾸지 않는 환자들이 대부분이다. 이럴 경우 지방간은 호전되지 않는다. 그리고는 다음번 검진 때 지방간이라는 설명을 다른 의사가 다시 하면 '난 이전부터 지방간이 있었다'라며 대수롭지 않게 넘기는 경우가 흔하다.

지방간, 무엇이 문제인가?

지방간에는 단순 지방간인 상태가 있고 지방간염으로까지 진행된 상태도 있다. 이 둘을 구분하는 가장 정확한 방법은 간 조직검사이다. 하지만 현실적으로 지방간 환자에게 지방간염 유무를 알기 위해 간 조직검사를 하자고 하면 동의할 환자는 많지 않을 것이다. 또한 단순 지방간이든 지방간염이든 치료가 크게 다르지 않다. 따라서 실제로는 단순 지방간과 지방간염을 구분하기 위해 간 조직검사까지 하는 경우는 흔치 않다.

사람들이 지방간에 경각심을 가지지 않는 이유 중 하나는 증상이 거의 없고 지방간 자체로는 사망하지 않기 때문이다. 하지만 지방간 환자도 다른 성인병 환자와 마찬가지로 가장 흔한 사망 원인이 심혈관 질환과 뇌혈관질환이다.

또한 단순 지방간이 지방간염으로 진행되면 이 중 일부는 간경변, 간암까지 발생할 수 있다. 하지만 간경변이나 간암 모두 어느 정도 진행되기 전까지는 증상이 없어 진단이 늦는 경우가 많다.

지방간은 치료약이 없다

지방간으로 인해 이러한 문제까지 발생할 수 있다는 설명을 하면 대부분의 환자들이 치료제 처방을 원한다. 하지만 안타깝게도 지방간 치료제는 아직 없다(현재 다양한 약제들이 지방간 치료제로서 임상 연구 중이다).

대표적인 간장약으로 생각하는 '우루사'가 지방간에 도움이 되는지 묻는 환자들이 제법 많다. 물론 우루사가 항산화 작용이 있고 간수치를 개선해서 약간의 도움을 줄 수는 있겠지만 지방간의 근본적인 치료에 대해서는 효과가 아직 입증되지 않았다.

간수치가 정상인데 왜 간암인가?

간수치가 올라가는 것은 현재 간세포가 손상되고 있다는 신호

간암이 처음 진단된 환자들에게 많이 들었던 질문이 "제가 왜 간암에 걸렸나요?"와 "여지껏 간수치가 계속 정상이었는데 제가 왜 간암인가요?"이다.

여기서는 두 번째 질문에 대해 이야기해보려 한다. 그러면 우선 간수치가 무엇인지부터 알고 넘어가야겠다. 일반적으로 환자들이 말하는 간수치란 AST(aspartate aminotransferase), ALT(alanine aminotransferase)를 의미한다. AST와 ALT는 간세포 내에 많이 들어 있는 효소다. 따라서 AST 또는 ALT가 상승해 있다면 간세포의 손상으로 세포막이 파괴되어 그 안에 있는 효소가 혈액 내로 흘러나왔다고 생각할 수 있다.

나는 AST, ALT가 상승한 외래 환자들에게 설명할 때 "간세포가 손상되면서 많이 깨지고 있는 상태입니다. 그렇게 깨진 간세포의 잔해들이 혈액 속에 둥둥 떠다녀서 이렇게 간수치가 올라간 것으로 나타납니다"라고 종종 비유한다.

간 외의 요인으로도 간수치는 올라갈 수 있다

AST와 ALT는 간세포 외에 근육세포에도 포함되어 있으므로 심한 운동에 의해 근육 손상이 있는 경우에 증가하기도 한다. 특히 AST는 심장, 신장 등 다양한 곳에 존재한다. 따라서 간수치가 올랐다는 것 하나만으로는 100% 간 손상 때문이라고 판단할 수는 없고, 다른 상황도 같이 고려해야 한다.

운동을 하겠다고 굳게 마음먹고 갑자기 헬스를 며칠 동안 심하게 한 후에 AST, ALT가 상승해서 진료실을 찾아오는 사람도 있다. 이런 경우는 간세포가 많이 파괴된 것이라기보다는 갑작스러운 과한 운동으로 인해 근육세포가 많이 손상되었다고 해석하는 것이 적절하다(이때는 주로 ALT보다는 AST가 많이 상승한다).

전공의 1년 차 시절 당직을 서던 중 있었던 일이다. 간수치가 올라간 환자가 왔다며 소화기 내과에서 봐달라고 응급실에서 연락이 왔다. 환자는 60대 여성이었는데, 당시 혈액검사에서는

AST 수치가 100대, ALT 수치가 60대, 혈당은 190대였다. 바이러스 간염을 앓고 있지 않고 술도 거의 안 먹는 데다 최근에 새로 먹기 시작한 약이나 건강식품도 없다고 했다. 열도 없었다. 그런데 갑작스럽게 AST, ALT가 상승한 데다 혈당까지 같이 올라 있어 더더욱 이상했다.

환자에게 이것저것 물어보자 원래 고혈압이 있었는데 요즘 들어 가슴이 좀 아픈 것 같다는 말을 했다. 부랴부랴 심전도를 찍고 추가로 심근경색 관련 혈액검사(심근효소)도 했다. 그 환자는 결국 그날 심근경색이 진단되었고 관상동맥에 스텐트 삽입술을 했다. 이렇게 때로는 간 외의 질환에 의해서도 간수치가 올라갈 수 있다.

만성 간질환 환자의 간수치가 정상인 경우

AST, ALT는 간이 얼마나 건강한지를 나타내는 지표가 아니다. 오히려 '현재' 간에 급성 염증이 얼마나 있는지 알려주는 수치라고 보는 것이 더 적절하다. 따라서 '만성'적으로 간질환을 앓고 있는 경우에는 AST, ALT가 지속적으로 정상일 수 있다. 같은 맥락으로 간암환자에서 역시 AST, ALT가 정상일 수 있다(항상 그런 것은 아니다).

예를 들어 만성 B형 간염에서 B형 간염 바이러스는 간을 '만성적으로' 손상시키고 있다. 만성 B형 간염 바이러스 감염자 중 다수는 AST, ALT가 정상이다. 또한 간이 딱딱하게 굳는 질환인 간경변에서도 대부분 AST, ALT는 정상이다. 꽤 진행된 간경변에서조차 AST, ALT는 정상인 경우가 많다. 진행된 간경변에서는 오히려 빌리루빈(담즙의 구성 성분으로 적혈구 속의 헤모글로빈이 분해되어 생기며, 혈중 빌리루빈이 증가하면 황달을 유발한다) 상승, 알부민 저하, 프로트롬빈 시간(혈액응고 기능을 평가하는 검사) 증가, 혈소판 감소 등이 더 흔하다.

정확한 간 검사는 어떤 것인가?

가끔 환자가 '간수치 검사를 하고 싶다'고 하면 좀 난감하다. 첫째, 우선 간수치 검사를 하고 싶다는 것은 '내 간이 괜찮은지 알고 싶다'는 의미도 어느 정도 포함되는데, 혈액검사만으로 이를 전부 알 수는 없다. 이를 보완하기 위해서는 간초음파도 같이 해보는 것이 좋다. 간초음파를 통해 간 표면이 거칠지는 않은지 간경변은 없는지 확인할 수 있기 때문이다.

그렇다면 간수치와 간초음파에서 특별한 문제가 없으면 내 간은 걱정하지 않아도 되는 걸까? 그렇지 않다. 간수치와 간초음파 결과 외에 내가 간암의 고위험군인지 여부도 매우 중요하다. 우리나라에서 간암의 고위험군 톱3는 '만성 B형 간염, 만성 C형 간염, 만성 음주자'이지만 최근에는 당뇨병, 비만에 의한 간암의 발생도 주목받고 있다. 이러한 간암의 고위험군에 해당한다면 주기적으로 검사(혈액검사+간초음파)를 받는 것이 중요하다.

둘째, 일반인들은 AST, ALT만이 간수치라고 생각하는 경우가 많다. 간기능을 올바르게 평가하기 위해서는 AST, ALT뿐만 아니라 γ-GTP, ALP, 빌리루빈, 단백질, 알부민, 프로트롬빈 시간, 혈소판도 같이 확인해야 한다. 그러나 의사 입장에서 여러 가지 항목들을 검사하자고 하면 '괜한 검사까지 해서 돈을 쓰게 했다'는 오해를 살까 봐 환자들에게 먼저 권하기가 쉽지 않다.

간암은 간경변 환자에서만 생기는 것인가?

외래에서 만성 B형 간염이 있는 40대 여성 환자에게 간초음파와 혈액검사 결과를 보여주며 "지금은 초음파에서 간 표면이 약간 거칠게 보이는 것 외에는 특별한 이상 소견이 없지만 간암 검진은 꼭 주기적으로 하셔야 합니다"라고 설명했을 때의 일이다. 환자는 내 설명을 듣더니 이렇게 질문했다.

"간암은 간경화 환자에서만 생기는 것 아닌가요?"

이와 비슷한 내용의 말은 간암 환자에게도 많이 들었다. "저는 간초음파에서 계속 괜찮다고 했는데 간암이 생겼어요"라며 억울해하는 환자들을 많이 보았다.

물론 만성 바이러스 간염이 간경변을 거쳐 간암으로 진행하는 경로가 있다. 하지만 간경변 없이 만성 간염에서 바로 간암으로 진행하는 경로도 존재한다. 간초음파에서 계속 괜찮았으니까, 간경변이 아직 없으니까 간암으로부터 안전하다고 생각하는 것은 매우 위험한 생각이다.

또한 주기적으로 간암 검진을 하는 이유 자체가 간암을 '조기 발견'하자는 것이지, 간암을 '예방'하기 위한 것이 아니다. 간암 검진 결과 이전에 계속 괜찮다가도 이번 검진에서 간암이 발견될 수 있는 것이다.

기억에 남아 있는 안타까운 간암 진단 사례 중 하나는 몇 년간 간암 검진에서 계속 결과가 괜찮다고 들어서 2년간 검진을 전혀 안 하다가 이미 꽤 진행된 상태에서 간암이 진단된 경우였다. 간암 검진 결과가 계속 괜찮다고 나와서 조금 지겹다는 생각이 들어도 반드시 6개월마다 간암 검진을 받아야 하는 이유가 여기에 있다.

술을 얼마나 마시면 간이 나빠질까?

대한간학회에 따르면 알코올성 간질환을 유발하는 알코올의 양은 일주일 기준으로 남성 210g, 여성 140g이다. 이는 남성 소주 21잔, 여성 14잔에 해당하는 양으로 각각 대략 소주 3병, 2병 정도를 의미한다. 이런 설명을 하면 "그러면 그만큼은 마셔도 괜찮은 거네요?"라고 물어보는 환자들이 있다. 그런데 이는 오해하고 있는 것이다. 크게 2가지 측면에서 생각해볼 수 있다.

첫째, 술은 간질환만 유발하는 것이 아니다. 많은 사람들이 '술을 많이 마시면 간에 나쁘다'고 생각하지만 그 외의 질환에 대해서는 관심이 적다. 하지만 술은 간 외에도 뇌혈관, 심혈관을 비롯한 전신 혈관, 위장관, 췌장 등 매우 다양한 부위에 질병을 유발한다. 대한뇌졸중학회에 따르면 알코올과 뇌졸중의 위험을 고려할 때 남성은 하루 2잔 이하, 비임신 여성은 하루 1잔 이하가 적절하다.

둘째, 같은 양의 술이라도 각각의 사람에게 미치는 악영향의 정도에 차이가 있다. 다른 사람에게는 문제를 일으키지 않은 정도의 술도 나에게는 문제가 될 수 있다. 40대 후반 여성이 기운이 없다고 응급실에 온 적이 있다. 기본 혈액검사를 해보니 AST, ALT가 70~80대였고, 알부민 수치가 3.1g/dL(참고치 3.5~5.0g/dL)로 약간 떨어져 있으며, 황달의 지표인 총빌리루빈이 1.8mg/dL(참고치 0.1~1.2mg/dL)로 경미하게 상승해 있었다. 간에 문제가 있겠다 싶어 문진을 자세히 해보니, 우울함 때문에 최근 2년 동안 매일 밤마다 와인 1~2잔을 먹고 잤다는 것이었다.

그 환자는 복부 초음파 결과 중증 지방간이 확인되었다. 알부민, 빌리루빈 수치에 이상이 생길 정도이므로(대부분의 지방간은 빌리루빈, 알부민 수치까지 이상이 생기지 않는다) 이런 식으로 계속 술을 마실 경우 간경변으로 진행할 가능성도 높아 보였다. 당시 환자에게 이러한 설명을 했더니 자신은 술을 많이 먹지도 않았고 그냥 한두 잔 정도 마셨을 뿐인데 왜 간이 많이 나쁘냐며 화를 냈다. 그 환자가 '꾸준히' 술을 마시는 게 얼마나 나쁜지, 또한 과음이 아니라도 그것이 '나에게는' 문제를 유발할 수 있다는 것을 미리 알았다면 좋았을 텐데 안타까웠다.

Tip

간기능은 정상인데 황달 수치만 올라가는 길버트 증후군

평소 아무 이상이 없는데 자꾸만 황달(총빌리루빈) 수치가 높게 나오는 사람이 있다. 다른 간기능 검사가 모두 정상 범위이고, 바이러스 간염의 기저질환이 없으며, 평소 과음하지도 않고, 간초음파에서도 정상인데 총빌리루빈 수치만 높다면 길버트 증후군을 생각해볼 수 있다(참고로 이때는 직접 빌리루빈과 간접 빌리루빈 수치도 같이 확인하는데, 길버트 증후군에서는 간접 빌리루빈이 특히 많이 상승해 있다).

길버트 증후군은 선천적으로 빌리루빈을 낮추는 효소가 부족해 발생하는 질환으로 특별한 치료가 필요 없다. 즉, 가만히 두어도 특별한 해가 되지 않는다. 이 질환은 금식, 스트레스, 피로, 과한 운동 등의 상황에서 빌리루빈이 더 상승한다. 혈액검사는 주로 공복 상태에서 검사를 하기 때문에 길버트 증후군이 있는 사람에게는 빌리루빈이 상승될 자극이 주어지는 것이다.

길버트 증후군이 의심될 때는 컨디션 좋고 식사도 한 상태에서 다시 혈액검사를 해보면 공복 시 혈액검사보다 빌리루빈이 감소하는 경우가 많다.

B형 간염 보균자는 환자가 아닌가?

B형 간염 보균자는 간암에 잘 걸린다?

내과 전문의가 된 후 대학병원 소화기 내과 '간' 분과에서 임상 강사를 했기에 간암 환자를 진료할 기회가 많았다. 그중 제일 안타까웠던 이들은 미리 간암 검진을 하지 않고 지내다 간암이 너무 커진 후에야 발견된 환자들이었다.

그러한 환자들에게 그동안 간암 검진을 하지 않고 지낸 이유를 물어보면 제일 흔한 답은 '만성 B형 간염 보균자가 간암에 잘 걸리는지 몰랐다'는 것이었다. 그리고 오히려 본인은 여태까지 혈액검사에서 단 한 번도 간수치가 이상했던 적이 없는데 왜 간암이냐고 반문했다.

한국인 간암의 주요 원인, 만성 B형 간염

간암은 다른 암에 비해 유발 원인이 비교적 명확하다. 대부분의 간암 환자들은 그 원인을 최소한 하나 이상은 갖고 있다. (우리나라에서) 간암의 가장 흔한 원인은 만성 B형 간염으로, 간암 환자의 70% 이상이 여기에 해당한다. 그 외에 간암의 원인으로는 만성 C형 간염, 만성 음주, 여러 원인에 의한 간경변 등이 있다.

만성 B형 간염 바이러스 감염자 중 항바이러스 약제(예를 들어 바라크루드, 비리어드, 베믈리디 등)를 투약해야 하는 사람은 일부에 불과하다. 대부분의 사람들이 약을 먹지 않다 보니 B형 간염을 대수롭지 않게 생각한다. 또한 자신이 B형 간염 바이러스에 감염된 상태인지조차 아예 모르는 환자들도 있다.

만성 B형 간염이라면 항바이러스 약제를 먹든지 안 먹든지 상관없이 B형 간염 바이러스가 간 속에서 계속 살고 있다. 간수치가 정상이고 바이러스의 혈액 내 농도가 낮게 잘 유지되고 있다고 해도 B형 간염 바이러스는 지속적으로 내 간을 서서히 손상시키고 있다. 만성 B형 간염 바이러스 감염자 중 본인이 술도 안 먹는데 나중에 간암이 걸릴 수도 있는지 묻는 사람도 있다. 답은 '그렇다'이다. 만성 B형 간염 하나만으로도 매우 강력한 간암의 위험인자다.

우리나라에는 B형 간염 백신이 1983년에 처음 도입되었고 1995년부터는 모든 신생아를 대상으로 B형 간염 예방접종 사업이 시행되었다. 따라서 젊은 층에서 만성 B형 간염 바이러스 감염자 수는 이전에 비해 현저하게 줄어들었다. 1980년대에는 전 국민의 8% 이상이 B형 간염 바이러스 감염자였으나[15] '2018 국민건강통계'에 따르면 19세 이상 국민의 2.8%가 B형 간염 바이러스에 감염되어 있는 상태다. 하지만 중장년층에는 여전히 만성 B형 간염 바이러스 감염자 수가 많기에 만성 B형 간염에 의한 간암은 여전히 그 수가 많다.

만성 B형 간염은 무엇이 문제일까?

그렇다면 만성 B형 간염이 대체 뭐가 문제라는 것일까? 한 줄로 말하자면 '간암의 고위험군'이라는 것이다. 따라서 간암에 대한 정기적인 검진이 매우 중요하다. 만성 B형 간염에 의한 간암을 막을 수 있는 묘안이 없기에 조기에 간암을 발견해서 치료를 하는 것이 검진의 목적이다(만성 B형 간염으로 항바이러스제를 복용 중인 사람들은 그 약이 만성 B형 간염에 의한 간암의 발생 가능성을 낮출 수 있는 유일한 약제이므로 잘 복용하라고 당부하고 싶다).

간암은 초기에는 증상이 없다. 따라서 간암 검진을 하지 않고 지내다 몸에 이상을 느끼고 검사를 하러 병원에 갔을 때쯤에는 간암이 꽤 진행된 후인 경우가 많다. 간암 검진에는 엄청난 시간이나 비용이 드는 것이 아니다. 만성 B형 간염이 있다면 만 40세부터는 최소 6개월마다 정기적으로 혈액검사(간기능 검사 및 간암표지자검사) 및 간초음파를 받는 것을 잊지 말자. 경우에 따라서는 B형 간염 바이러스 관련 추가 검사, 간CT나 간MRI 등이 필요하기도 하다.

정기적으로 검사를 하면 간암의 조기 발견 외에 또 다른 좋은 점이 있다. B형 간염 바이러스가 면역 관용기나 면역 비활동기에서 면역 활동기로 변화한 것을 조기에 발견할 수도 있다는 것이다. 평소처럼 정기 간 검진을 받으러 왔다가 검사 결과 B형 간염 바이러스가 면역 비활동기에서 활동기로 변한 것을 알게 되어 항바이러스 약제를 시작하는 사람들을 심심치 않게 본다.

사실 면역 활동기로 변해도 초반에는 증상이 없으므로 혈액검사 없이는 알 수가 없다. 그러다 나중에 간수치가 많이 나빠지고 그로 인해 전신 기력 저하나 황달이 발생하면 그때서야 몸이 불편해서 병원에 온다. 하지만 정기적으로 혈액검사를 받으면 이런 것을 조기에 발견할 확률이 높아진다.

하지만 막상 외래에서 환자들을 만나다 보면 6개월마다 꼬박꼬박 정기검사를 하는 사람이 의외로 많지 않다. 매번 괜찮다고 들으니 검사의 필요성을 잘 못 느끼는 데다, 시간적인 이유로 중도에 검사를 그만두는 경우도 많다. 하지만 정상이면 기분 좋고 이상한 것이 있으면 빨리 발견하자는 마음으로 검사를 받으면 1년에 두 번 정도는 간암 검진을 받는 데 큰 어려움이 없을 것이다.

다행히 우리나라에서는 현재 국민건강보험공단에서 시행하는 5대 암 검진 항목에 간암 검진이 포함되어 있다. 만 40세 이상 간암의 고위험군(B형 간염 바이러스 항원 양성, C형 간염 바이러스 항체 양성, 간경변증)에서 6개월 주기로(상반기, 하반기 각각 1회) 간 초음파와 간암표지자검사를 무료로 받을 수 있다(단, 국가 간암 검진에 간기능 검사는 포함되어 있지 않다. 따라서 최소 AST, ALT 검사만이라도 추가해서 같이 확인하기를 바란다). 국가 간암 검진이 모든 병원에서 가능한 것은 아니므로 방문하기 전에 가능한지 병원에 먼저 문의하기 바란다.

만성 B형 간염, 모르고 살 수 있다

60대 남성이 건강검진 목적으로 간초음파를 하고 외래에 결과를 들으러 왔다. 그런데 간초음파 영상을 보니 간 표면이 거칠어져 있었다. 술도 거의 안 마신다는데 간 표면이 거친 게 이상해서 혹시 만성 B형 간염이나 C형 간염이 있는지 물었더니 그런 건 없다고 했다.

그래도 환자를 그냥 보내기가 석연치 않아 설득해서 간단하게 AST, ALT, γ-GTP, ALP, 빌리루빈 검사와 B형 간염 항원·항체 검사를 했다. 결과를 확인해보니 B형 간염 항원이 양성이었다. 이 환자는 B형 간염 바이러스가 간을 만성적으로 손상시켜서 초음파에서도 간 표면이 꽤 거칠게 보일 정도로 변화한 만성 B형 간염 바이러스 감염자였다. 환자의 진단을 놓치지 않아 다행이라고 안도감이 들면서 한편으로는 본인이 만성 B형 간염인지조차 전혀 모르고 있었다는 사실이 안타까웠다.

간은 '침묵의 장기'라서 많이 나빠지기 전까지는 겉으로 잘 드러나지 않는다. 따라서 자신이 만성 B형 간염인지 또는 B형 간염에 대한 항체가 있는지 미리미리 알아두는 것이 필요하다. 아직 잘 모르고 있다면 혈액검사를 할 일이 있을 때 B형 간염 항원·항체 검사 항목을 추가하고 싶다고 병원 측에 요청하는 것이 쉬운 방법 중 하나다. 또한 '만 40세' 국가건강검진 혈액검사에 B형 간염 바이러스 감염 여부를 확인할 수 있는 항목(B형 간염 항원·항체 검사)이 포함되어 있으니 이 결과를 확인해보는 것도 방법이다.

간염 백신, 이젠 오해하지 말자

B형 간염 항체가 있는데도 음성?

얼마 전 고혈압 외에 기저질환이 없는 62세 남성이 B형 간염 백신을 맞으러 내원했다. B형 간염 백신을 60대에 접종하는 것은 흔치 않기 때문에 왜 접종하려 하는지 물어보았다. 그랬더니 올해 다른 검진 센터에서 종합건강검진을 했는데 B형 간염 항체가 없다고 들어서 백신을 맞으러 왔다며 다른 병원 검사 결과지를 보여주었다.

결과지를 본 후 이전에도 B형 간염 항체가 없다고 들은 적이 없는지 물어보았다. 이전부터 항체가 없다고 들었는데 62세가 되어서야 갑자기 백신을 맞기로 결정한 것이 좀 이상하다고 느꼈기 때문이다. 그랬더니 환자는 예전에 항체가 있다고 들은 것 같은데 어쨌든 올해 검사에서 항체가 없다고 들었다고 했다.

혹시 우리 병원에서 검사한 적은 없을까 해서 모든 검사 기록을 다 열어보니 다행히 2년 전과 4년 전에 종합건강검진을 받은 기록이 있었다. 그리고 2년 전 검사 결과에서 B형 간염 항체가 양성인 것을 확인했다.

혈액암(예를 들어 백혈병)과 같이 면역력이 크게 저하되는 특수한 경우가 아닌 정상 면역 환자는 B형 간염 항체가 있다는 것을 한 번이라도 확인한 적이 있다면 이후에는 항체가 없다고 들어도 다시 예방접종을 할 필요가 없다. 항체 농도가 낮아져서 감지가 잘 안 될뿐, 건강한 사람은 몸이 기억하고 있으므로 B형 간염 바이러스가 내 몸에 침입하려 하면 다시 항체 농도가 크게 증가해서 바이러스를 물리친다.

위와 같은 내용을 설명한 후 환자에게 "그래서 결론은, 어르신은 평생 B형 간염 백신을 맞으실 필요가 없습니다. 앞으로 검진 결과에서 B형 간염 항체가 없다고 나와도 그냥 신경 쓰지 마세요"라고 말했다. 환자는 활짝 웃으면서 고맙다며 진료실을 나갔다. 이렇게 환자가 필요 없는 처치나 검사를 원할 때 그것이 왜 필요 없는지 설명하고 환자가 그것을 이해하고 내 말에 따라줄 때 큰 보람을 느낀다. 의사의 기본 역할은 문진과 검사를 통해 병을 진단하고 그에 맞는 치료 방침을 세우는 것이지만 환자에게 불필요한 검사나 처치를 하지 않는 것 역시 중요하다.

B형 간염 예방접종은 치료제가 아니다

다른 병원에서 며칠 전 B형 간염 백신 1차 접종을 한 40대 중반 남성이 자신에게 예전부터 이미 항체가 있는 것은 아닌지 궁금하다며 검사를 해달라고 외래에 방문한 적이 있다. 항체가 있는지 여부를 확실히 모르는 상태에서 백신을 맞았다는 사실이 좀 이상하게 느껴졌다.

이 환자는 B형 간염 바이러스에 대한 항체 검사를 원한 것이지만 이럴 때 정말 '항체만' 검사하는 것은 올바르지 않다. 이미 만성 B형 간염일 수도 있기 때문에(그렇다면 항체가 없다) '항원'도 같이 검사를 해야 한다. 만성 B형 간염 환자라면 항원이 양성으로 나온다.

다음 날 환자의 결과를 확인해보니 그는 이미 만성 B형 간염이었다(B형 간염 항원은 양성이었고 항체는 음성이었다). 40대 남성이면 젊은 나이인데 정말 본인이 만성 B형 간염인지 몰랐던 것일까, 아니면 최근에 어디선가 새로 감염이 된 것일까 하는 의문이 들어 환자에게 물어보았다.

"혈액검사 결과 이미 B형 간염 바이러스에 감염된 상태이므로 B형 간염을 '예방'하기 위한 백신은 환자분에게 아무런 소용이 없습니다. 따라서 백신을 맞을 필요가 없습니다. 혹시 B형 간염이 있다는 이야기를 오늘 처음 들으셨나요?"

그랬더니 환자는 예전에 만성 B형 간염이라고 이미 들었다는 것이었다. 대체 그걸 알고도 대체 왜 백신을 맞은 걸까? 너무 의아해서 물어봤더니 환자가 말하길 주변 사람들이 만성 B형 간염이어도 백신을 맞으면 항체가 생기니까 좋다고 했다는 것이다. 순간 그 주변 사람들에게 너무나 화가 났다. 잘못된 의학 정보를 본인만 아는 것도 모자라 퍼트리고 있었던 것이다.

그래서 환자에게 현재 만성 B형 간염이고, 백신은 아무 의미가 없으므로 평생 맞을 필요가 없으며 현재 상태에서 가장 중요한 것은 주기적인 간암 검진임을 설명하고 돌려보냈다. 하지만 환자의 표정이 썩 밝지 않았던 것으로 보아, 다시 주변 사람들의 권고에 따라 다른 어딘가에서 B형 간염 백신 2, 3차를 맞을지도 모르겠다. 그렇다면 정말 너무나 안타까운 일이다.

간염에는 B형만 있는 것이 아니다

대부분의 사람들이 B형 간염은 많이 들어서 익숙하다. 그렇다면 A형 간염, C형 간염과는 어떤 차이가 있을까?

A형 간염은 이미 A형 간염에 감염된 사람의 대변으로 오염된 음식(특히 조개류)이나 물을 먹었을 때 감염된다. A형 간염의 치료

제는 따로 없어 보존적 치료를 한다. B형, C형 간염과 달리 만성화되지 않는다. 대부분은 1~2주 이내에 호전되지만 극히 일부에서 심한 간 손상이 발생해 전격성 간부전으로 진행한다. A형 간염에 걸렸다가 회복되면 항체가 생기므로 이후 A형 간염 백신을 따로 접종할 필요가 없다.

A형 간염 백신은 총 2회 접종한다. 1차 접종 6개월 후 2차 접종을 한다. 30세 미만에서는 항체 검사 없이, 30~40대에서는 항체 검사 후 음성일 경우 백신 투여를 고려한다. 2015년부터 A형 간염 백신이 국가예방접종 사업에 포함되어 2012년 이후 출생아부터는 총 2회에 걸쳐 무료 접종이 가능하다.

C형 간염은 성 접촉, 문신 시술, 마약 주사 남용 등 혈액이나 체액을 통해 감염된다(단, 1992년부터는 모든 헌혈 혈액에 대해 C형 간염 바이러스 검사를 하므로 현재는 수혈을 통한 전염 가능성은 없다).

C형 간염은 백신이 없다. 따라서 C형 간염 항체가 양성이면 C형 간염에 대해 면역력이 있다는 의미가 아니다. 이때는 C형 간염에 대한 정밀검사(혈액 내 C형 간염 바이러스 RNA 검사)를 시행해야 한다. 단, C형 간염 항체가 양성이어도 RNA 검사에서 음성으로 나오는 경우가 있다. 이럴 때는 C형 간염에 걸린 것이 아니라 항체 검사 결과가 위양성(실제로는 음성이지만 양성이라고 나온 경우)이라고 해석해야 한다.

예전에는 C형 간염의 치료가 어렵고 완치율이 낮아 보존적 치료만 하며 지내는 경우가 많았지만 2010년대에 C형 간염에 대한 경구 항바이러스제가 개발됨에 따라 이제는 완치율이 98% 이상이다.

위내시경에 관한 궁금증 3가지

위내시경 후에 자주 듣는 질문

"저는 명치가 아프고 소화도 잘 안 되는데 왜 위내시경에서 문제가 없는 건가요?"

"불편한 건 없지만 위내시경 하니까 약간 위염이 있다는데 약은 필요 없나요?"

"제가 위축성 위염이 있다던데 그러면 많이 위험한 건가요?"

위의 내용들은 위내시경과 관련해서 가장 많이 듣는 질문 3가지다. 이 글을 읽고 이러한 내용에 대한 궁금증을 해소할 수 있기를 바란다.

위염이라고 다 약을 먹어야 하는 것은 아니다

일상생활에서 속쓰림, 명치 통증, 더부룩함, 메슥거림 등의 위장관 증상을 겪어보지 않은 사람은 드물다. 우리나라는 국가건강검진에 위내시경 항목(만 40세 이상 성인에서, 2년마다)이 포함되어 있다. 따라서 위내시경을 받아본 사람을 주위에서 쉽게 찾아볼 수 있다. 위내시경을 하고 나면 환자가 가장 흔히 듣는 이상 소견은 '만성 표재성 위염'일 것이다. 표재성 위염이란 만성위염의 한 가지 형태로 위 점막에만 염증이 있는 상태를 의미한다. 주로 내시경에서 위 표면에 불규칙한 발적, 약간의 출혈 또는 붉은 줄들이 보인다. 보통 "위염이 좀 있으시네요"라고 듣게 된다.

나는 이러한 표재성 위염에 대해서는 있다가도 없어지고 없다가도 또 생길 수 있다고 설명한다. 표재성 위염은 한번 생겼다고 해서 꼭 평생 가는 것은 아니다. '위 점막이 여러 자극들에 의해 반복적으로 생채기가 나서 생긴 변화'라고 비유할 수 있다. 따라서 속쓰림, 소화불량 등의 관련 증상이 없다면 굳이 약 먹을 필요가 없다.

반대로 이러한 경우도 가끔 있다. 명치가 아프다거나 더부룩해서 위내시경을 했는데 특별한 이상 소견이 없는 경우다. 이럴 때 나는 의사의 입장에서 '정상이라 다행이네'라고 생각하는 반면, 환자들의 반응은 다르다. '이상이 없는데 대체 나는 왜 불편하냐'는 질문이 따라온다.

이럴 때는 우선 이러한 증세를 유발할 수 있는 다른 병에 대한 감별이 필요하다. 즉, 담낭, 췌장, 간, 또는 담도 등의 질환 가능성은 없는지 생각해보아야 한다. 이러한 질환이 다 배제되었다면 환자에게 '기능' 문제라고 설명한다. 예를 들어 살다 보면 어깨가 아플 수 있다. 뼈가 골절되지 않고 관절에 문제가 없는데도 아픈 경우가 많지 않은가(예를 들어 컴퓨터 작업을 많이 했다든지, 정신적 스트레스를 많이 받았다든지 등).

위도 마찬가지다. 명치 부분이 아프거나 소화가 안 된다고 해서 모두 위에 병변이 있는 것은 아니다. 겉모습은 멀쩡해도 음식물을 부수고 흡수하며 위산을 분비하는 등의 과정에서 문제가 생기면 불편한 증상이 나타날 수 있다.

과도한 공포심은 금물

50대 전후부터는 표재성 위염 외에 위축성 위염 또는 장상피화생이라는 결과도 흔히 듣는다. 위축성 위염이란 만성적인 염증으로 인해 위 점막에 있는 위샘들이 위축되어서(크기가 줄어들면서 납작해지거나 없어져서) 위 점막이 얇아진 상태다. 따라서 정상 위 점막일 때는 혈관이 잘 보이지 않는 반면, 위축성 위염이 있을 때는 내시경에서 위 점막 아래에 위치한 혈관이 비쳐 보인다.

장상피화생이란 위의 상피조직이 '장의 상피조직'처럼 변화한 것을 말한다. 위축성 위염이 더 진행되어 발생하기도 하고 위축성 위염과 동반되기도 한다. 위내시경에서는 주로 울퉁불퉁한 위 점막 소견으로 나타난다.

예전에 지하철에서 이런 광고를 본 적이 있다. 위축성 위염, 장상피화생 그리고 위암, 세 글자를 붉고 굵은 글씨로 써놓고는 위축성 위염과 장상피화생은 위암으로 진행하므로 매우 위험하니 반드시 치료해야 하며 본인들이 만든 약으로 완치가 가능하다는 내용이었다(병원에서 낸 광고가 아니었다). 나는 이 광고를 보고 2가지 관점에서 화가 났다.

허위 과장 광고에 넘어가지 말자

첫 번째는 사람들에게 필요 이상의 공포심을 조장했기 때문이다. 물론 아무 문제도 없는 위보다 위축성 위염이나 장상피화생이 있을 때 위암 발생 확률이 더 높은 것은 맞다. '전암 병변'이라고 할 수도 있다. 하지만 대부분 이런 상태에서 위암이 발생하기까지는 꽤 오랜 시간이 걸린다. 또한 위축성 위염이나 장상피화생은 나이가 들면서 자연스럽게 나타나는 변화이기도 하다.

집 밖을 나서면 집 안에 있을 때보다는 교통사고가 발생할 확률이 높다. 그렇다고 해서 집을 나설 때마다 교통사고가 날지 모른다는 공포심을 갖고 시간을 보낼 것인가. 그보다는 일상생활을 그대로 유지하되 교통사고가 날 확률을 줄일 수 있도록 교통

법규를 잘 지키고 좌우를 잘 살피며 다니는 것이 더 적절한 행동일 것이다. 위축성 위염이나 장상피화생도 이와 마찬가지다.

위축성 위염 또는 장상피화생이라고 들었다면 위암이 걸릴까 봐 공포심을 갖기보다는 올바른 생활습관을 유지하면서 1년에 한 번씩 위내시경을 하는 것이 좋다. 이러한 변화가 있을 때 생활습관 교정이나 정기적인 위내시경 없이 '오랜 시간 동안' '방치했을 때' 비로소 위암이 잘 생기기 때문이다.

두 번째는 위축성 위염과 장상피화생을 약으로 없앨 수 있다고 하는 '허위 내용'이었다. 이 변화를 돌이킬 수 있는 '약'은 없다. 그런데 지금 이 순간에도 검색해보면 그럴듯한 광고로 위축성 위염이나 장상피화생을 본인들이 만든 약으로 고쳐주겠다고 하는 광고들이 나온다. 위내시경을 직접 몇백 명 해보고 그들의 임상 경과를 봐온 경험이 있다면 이러한 과장 광고는 할 수 없을 텐데 그들의 무지로 인한 용감함이 무섭다.

본인의 위 점막에 이러한 변화가 있다고 들으면 위암에 걸릴까 봐 크게 걱정하는 사람들이 많은데 나는 이렇게 설명한다.

"나이가 들면 피부가 얇아지고 주름이 생기듯이 위벽이 얇아지거나 울퉁불퉁하게 변하는 것은 자연스러운 변화입니다. 따라서 이러한 변화가 있다는 것을 들으면 겁을 내기보다는 위에 나쁠 수 있는 행동들, 이를테면 자극적인 음식(짠 음식, 탄 음식, 너무 뜨거운 음식 등), 알코올, 카페인, 가공 육류 등의 섭취를 줄이고 과식을 피하며 적정 체중을 유지하면서(즉, 위암을 유발할 수 있는 요인들을 줄이자는 것이다) 1년에 한 번씩 위내시경을 하면 됩니다. 건강한 위가 비옥한 텃밭이라면 이러한 변화가 생긴 위는 비옥하지 않은 텃밭인 셈입니다. 텃밭이 안 좋으니 아무래도 '위암'과 같은 나쁜 병이 발생할 확률이 건강한 위보다는 높습니다. 하지만 이러한 변화에서 위암까지 진행하는 데에는 매우 오랜 시간이 걸릴뿐더러 좋은 생활습관을 가지고 1년마다 위내시경을 하신다면 설령 위암이 생긴다고 해도 조기에 발견할 수 있고 그러면 치료 경과가 매우 좋습니다."

Tip

위장조영술과 위내시경이 다른 검사인가요?

가끔 위장조영술을 받고는 위내시경을 받았다고 착각하는 사람들이 있다. 또는 2가지가 비슷한 검사라고 생각하는 사람들도 있다. 그런데 위장조영술은 위내시경과 완전히 다르다. 위장조영술이란 약제(조영제)를 마신 후 엑스레이 영상을 촬영하는 것이다. 환자들은 보통 약을 먹고 구르는 검사를 했다고 표현한다. 위내시경은 위 내부를 직접 들여다보기 때문에 위장조영술보다 훨씬 정확하다. 또한 이상한 병변이 발견되면 조직검사 또는 일부 시술까지 바로 진행할 수 있다. 이에 반해 위장조영술은 음영(그림자)을 보면서 위 내부의 질환 여부를 간접적으로 확인하는 검사이므로 작은 병변은 확인이 어려우며 조직검사가 불가하다. 위내시경을 받기가 어려워서 어쩔 수 없이 위장조영술로 대체하는 경우를 제외한다면 위장조영술보다는 위내시경을 받기를 추천한다.

헬리코박터균은 무조건 없애야 하는 균?

우리나라에서 여전히 높은 감염률, 헬리코박터균

헬리코박터균은 수년 전 요구르트 광고에 등장한 덕분에 사람들에게 꽤 친숙한 이름의 균이 되었다. 광고에 나오기에 위장에 좋은 유산균의 한 종류라고 생각하는 사람들도 가끔 있다.

헬리코박터균이란 위 점막에 사는 균으로 위암을 일으키는 중요한 원인 중의 하나다. 1994년 세계보건기구(WHO)는 이 균을 1급 발암물질로 분류했다. 다행히 헬리코박터균의 감염률은 전 세계적으로 감소 추세다.

2018년 국내 연구진이 발표한 논문에 따르면 2016~2017년 한국인의 헬리코박터균 감염률은 43.9%다.[16] 1998년의 66.9%,

2005년의 59.6%, 2011년의 54.4%에 비해 감소한 편이나 미국인 및 북유럽인의 감염률이 30% 이하인 것을 감안하면 여전히 세계에서 높은 편이라고 볼 수 있다.

헬리코박터균은 대변을 통해 몸 밖으로 나온 균이 다양한 경로를 통해 감염되는 것으로 추정된다. 또한 위액의 역류로 인해 구강 내로 이동한 균이 입을 통해 다른 사람을 감염시킬 수도 있다. 따라서 음식을 한 그릇에 퍼놓고 여럿이 같이 먹거나 술잔을 돌리는 행동 및 음식을 씹어서 아이에게 먹이는 행위, 여러 차례에 걸친 반복적인 입맞춤도 헬리코박터균 감염의 원인이 될 수 있다.

헬리코박터균 검사는 어떻게 하나?

헬리코박터균은 위벽을 보호하는 점액의 분비를 줄이고 반복적으로 위벽 내에 염증을 유발해 위벽이 약해지도록 만든다. 그 결과 만성위염, 위궤양, 십이지장궤양, 위암 등을 일으킬 수 있다. 하지만 이 균이 아무 문제를 일으키지 않고 그냥 위 내에 존재만 하고 있는 무증상 헬리코박터균 감염자도 매우 많다.

헬리코박터균을 검사하는 여러 가지 방법이 있는데 우리나라에서 가장 많이 쓰이고 있는 방법은 내시경을 통해 조직을 채취해서 검사하는 것이다. 우리나라는 내시경 비용이 저렴한 데다

이 검사가 신속하고 정확도도 높기 때문이다. 그 외에도 혈액검사, 요소호기검사 등이 있다.

단, 혈액검사는 헬리코박터균에 대한 항체 여부를 확인하는 원리이므로 헬리코박터균에 감염된 적이 있는 모든 사람에서 양성으로 나온다. 현재 감염된 경우뿐만 아니라 과거에 감염되어 치료를 받은 경우에도 양성으로 나온다는 것이다.

요소호기검사는 요소가 들어있는 약제를 먹은 후 날숨을 검사하는 방법이다. 헬리코박터균 제균치료가 끝나고 1~2개월 후에 제균이 잘되었는지 확인할 때 주로 사용한다. 헬리코박터균은 요소를 암모니아와 이산화탄소로 가수분해한다. 따라서 헬리코박터균이 모두 죽지 않고 위 속에 남아 있을 경우에는 검사를 위해 섭취한 요소가 가수분해되어 생긴 이산화탄소가 날숨에 들어 있으므로 이를 확인해 제균 여부를 판단할 수 있다.

누구를 치료해야 할까?

그렇다면 헬리코박터균에 감염된 사람들은 모두 다 치료해야 할까? 그렇지는 않다. 일반적으로 무증상 헬리코박터균 감염자에 대해서는 제균치료를 하지 않는다. 그 이유는 무증상 헬리코박터균 감염자까지 모두 제균치료를 하는 것이 위암의 발병률을 낮추는지 또는 생존율을 높이는지에 대해서는 근거가 아직 부족하기 때문이다.

제균치료 시에 항생제는 2가지 이상 쓰인다. 따라서 무증상 감염자에서 위암 발병률 저하에 대한 유의미한 근거 없이 무조건 제균치료를 할 경우 오히려 항생제 내성률을 높일 우려가 있다.

제균치료가 반드시 필요한 경우는 위궤양, 십이지장궤양, 조기 위암의 절제술 후, 저등급 말트림프종, 특발성 혈소판 감소성 자반증이 동반될 때이다(이러한 경우는 급여로 제균치료 약제를 처방받을 수 있다). 그 외에 제균치료를 고려해볼 수 있는 경우는 위선종의 내시경 절제술 후, 직계가족 위암 가족력이 있는 경우, 위축성 위염이 동반되는 경우 등이다. 이 중 위축성 위염은 그 정도나 환자의 나이 등을 고려해서 치료 여부를 결정한다. 예를 들어 이미 위축성 위염이 많이 진행된 환자이거나 고령인 환자에게서는 헬리코박터 제균치료의 위암 예방 효과가 상대적으로 낮기 때문에 큰 이득이 없을 수 있다.

이외에도 위 점막이 전체적으로 붉게 변해버렸다든지, 결절성 위염이 보인다든지 등 헬리코박터균으로 인한 만성적인 위염이 의심되는 내시경 소견이 보일 때 헬리코박터균 검사에서 양성이 나오면 제균치료를 고려해볼 수 있다.

헬리코박터균 치료 시 유의할 점

헬리코박터균의 제균치료에는 기본적으로 위산 분비 억제제 1가지와 최소 2가지 이상의 항생제가 포함되고 복용 기간은 1~2주다. 위산이 있어야 더 잘 살 수 있는 균이기 때문에 고용량의 위산 분비 억제제가 제균치료 약제에 포함된다.

그런데 제균치료는 생각보다 간단한 일이 아니다. 고용량의 위산 분비 억제제와 최소 2가지의 항생제가 사용되다 보니 환자 중 약 30%가 약을 복용 후 소화불량, 설사, 구역감 등을 호소하기도 한다. 나는 진료실에서 약을 처방하기 전에 이러한 부작용에 대해 꼭 설명한다. 대부분의 치료가 1~2주 내에 끝나기 때문에 이러한 부작용이 참을 만하면 되도록 끝까지 약을 다 복용하기를 권한다. 부작용으로 많이 힘들 경우에만 다시 내원해 상담받으라고 덧붙인다. 약을 먹고 불편하다고 임의로 제균치료를 중단해버리면 헬리코박터균이 박멸되지도 않고 오히려 약에 대한 내성만 생길 수 있기 때문이다.

제균치료를 할 경우 70~80%에서 성공률을 보이므로 치료가 끝나고 1~2개월 후에 앞서 말했던 요소호기검사를 시행해 성공 여부를 확인할 필요가 있다. 제균에 실패했을 경우는 다른 종류의 약제로 다시 치료해야 한다. 제균 성공률을 높이기 위해서는 약을 용법에 맞게 잘 챙겨 먹는 것이 중요하다. 또한 음주, 흡연, 자극적인 음식 등은 약의 부작용 가능성을 더 높일 수 있으므로 약을 먹는 동안에는 더욱 주의하는 것이 좋다.

검사 이후도 생각하라

헬리코박터균을 반드시 치료해야 한다고 믿었던 한 남성의 사례를 소개하고자 한다.

40대 남자가 헬리코박터균 검사를 하고 싶다고 외래를 방문했다. 그는 몇 주 전 다른 병원에서 위내시경 검사를 받으면서 헬리코박터균 검사를 해달라고 요청했다고 한다. 하지만 담당 의사가 필요 없는 검사라며 해주지 않았다고 화가 나 있는 상태였다. 나는 환자에게 위내시경 결과가 어땠는지 물어보았다. 환자가 대답하길, 위내시경 검사 결과 정상이었으며 특별한 기저 질환이나 가족력도 없다고 했다.

나는 그 환자를 진료했던 담당 의사가 불필요한 검사를 하지 않은 좋은 사람이라고 생각했다. 환자가 원하면 위내시경에서 아무 문제 없이 깨끗해도 헬리코박터균 검사를 굳이 할 수는 있다. 그러나 의사라면 검사를 하기 전 결과에 따른 치료 계획까지 미리 예상해놓아야 한다. 다시 말해 의사는 헬리코박터균 검사를 하기에 앞서 그 결과가 음성이거나 양성일 경우 각각 어떠한 조치를 취할지 생각해봐야 한다.

이 환자에서 헬리코박터균 검사를 한 결과 양성이 나온다면 어떻게 될까? 나라면 헬리코박터균이 이 환자의 위에 존재할 뿐이지 아무런 변화나 질병을 유발하지 않고 있으므로 치료를 하지 않을 것이다. 하지만 환자 입장에서는 자신의 위 속에 '균'이 존재한다는 것을 검사로 확인까지 했는데 치료가 필요 없다는 의사의 말에 동의하기란 쉽지 않을 것이다. 따라서 균이 있는데도 치료를 왜 안 해주느냐 또는 그럴 거면 왜 굳이 검사를 했느냐는 반응을 보이기 쉽다.

내 진료실을 찾은 그 남성은 헬리코박터균 검사를 강력히 원했고, 나는 이렇게 설명했다.

"꼭 검사를 하고 싶다면 해드릴 수는 있습니다. 그러나 저는 양성이라고 해도 굳이 제균치료를 하고 싶지 않습니다. 환자분 본인 몸이므로 원하시면 제균치료를 할 수는 있으나 이는 항생제 내성 확률을 높일 수 있습니다. 그리고 약을 먹는 동안 복통, 설사 등의 부작용이 종종 발생할 수 있고요."

그 남성은 결국 헬리코박터균 검사를 했고 결과가 양성인 것까지 확인을 했으나 제균치료는 하지 않고 돌아갔다.

요산 수치가 높으면 통풍인가?

요산 수치와 통풍에 대한 오해

외래에서 진료를 보다 보면 통풍 수치를 검사하고 싶다는 환자들이 가끔 있다. 이때 환자들이 말하는 통풍 수치는 요산 수치를 의미한다.

통풍이란 혈액 내에 요산이 높은 상태로 지속되어 요산으로 이루어진 결정체가 관절 주위 조직에 침착되어 염증 반응을 일으키는 질환이다. 따라서 통풍과 요산은 밀접한 관련이 있는 것은 맞다. 외래에서 보면 많은 사람들이 '요산 수치가 높다 = 통풍이다'라는 오해를 하고 있다. 그래서 요산 수치가 높으면 약을 처방받아서 요산 수치를 정상 범위로 만들고 싶어 한다.

하지만 이는 잘못된 생각이다. 물론 요산 수치가 높으면 정상 범위인 사람보다는 통풍이 발생할 가능성이 높다. 하지만 요산 수치가 높아도 통풍이나 신장 결석과 같은 증상이 없는 경우도 많다.

이렇게 요산 수치는 높지만 관련 증상이 없는 경우를 '무증상 고요산혈증'이라고 부른다. 고요산혈증인 사람 중 실제로 통풍이 발생하는 경우는 5% 정도다. 또한 요산 수치가 잠시 높다고 해서 통풍이 발생하는 것이 아니라 대부분은 이러한 상태로 10~20년 이상 오랜 시간이 지속되었을 때 비로소 통풍이 발생한다. 혈중 요산 수치가 7mg/dL 이상이면 고요산혈증이라고 한다. 요산은 핵 안에 들어있는 퓨린이 분해되고 남은 찌꺼기다(우리 몸을 이루는 세포의 중심에는 중요한 유전 정보를 담고 있는 핵이 있다. 이 핵 안에 핵산이 있는데 이 핵산은 인산, 오탄당 그리고 염기로 이루어져 있다. 이 중 염기는 퓨린계와 피리미딘계로 나뉜다).

요산 수치는 왜 높아지는가?

그렇다면 요산 수치는 주로 언제 증가할까? 퓨린이 많이 함유된 음식을 매우 과량으로 섭취하거나, 혈액암 등으로 인해 체내에서 요산이 많이 생성되거나, 만성 신질환 등으로 인해 요산이 배출되지 못하는 경우 요산 수치가 높아진다. 고혈압, 당뇨병,

고지혈증, 비만 등의 대사성 질환 또는 일부 이뇨제, 결핵약 등의 약제도 요산 수치 상승과 관련이 있다.

학생 시절 '한여름에 고기와 술을 많이 먹고 잔 후 다음 날 아침에 일어났더니 엄지발가락이 아픈 뚱뚱한 중년 아저씨'를 상상하며 통풍을 공부하던 기억이 난다. 이 구절을 하나씩 살펴보면 어떤 사람에서 요산 수치가 잘 올라가는지 알 수 있다.

우선 여름에는 땀으로 인한 수분 배출량이 많아 탈수가 되기 쉬워서 혈중 요산 농도가 다른 계절에 비해 상승하기 쉽다. 고기는 퓨린 함량이 많은 음식에 속한다. 또한 비만과 같은 대사성 질환은 요산 수치 상승과 밀접한 관련이 있다.

술은 요산의 생성을 촉진하고 배출은 억제한다. 통풍 환자의 50%에서 통풍이 과음과 관련성이 있는 것으로 여겨진다.[17] 특히 맥주는 퓨린 함량이 높아 통풍 발생에 가장 큰 영향을 미치는 술이다. 그렇다고 해서 다른 술은 괜찮다고 생각하면 안 된다. 퓨린 함량이 상대적으로 낮은 소주, 막걸리, 와인 역시 섭취한 알코올 양에 비례해 통풍을 유발할 수 있으므로 가급적이면 적게 섭취하는 것이 좋다.[18]

나이가 들수록 요산을 제거하는 능력은 감소한다. 여성의 경우 여성호르몬이 신장에서 요산의 재흡수를 억제하므로 폐경 전까지는 비교적 요산 제거가 잘된다. 반면에 남성은 체격이 큼에 따라 근육도 크므로 여성에 비해 요산의 생성량이 많을 뿐만 아니라, 매우 적은 양의 여성호르몬이 존재하므로 여성에 비해 요산 제거가 잘되지 않는다.

그 외에 중요한 요인은 과량의 과당 섭취다. 각종 과자 및 음료수 등 여러 음식에서 단맛을 내는 것은 대부분 과당이다. 과일에도 들어 있다. 이 과당 또한 요산의 생성을 촉진한다.

요산 수치가 높으면 꼭 약으로 낮춰야 할까?

혈중 요산 수치가 9.0mg/dL 미만인 무증상 고요산혈증은 대부분 약물 치료를 할 필요가 없다. 요산 수치가 높아도 특별히 불편한 게 없다면 신경 쓰지 않아도 되는 것일까? 그것은 아니다. 고요산혈증이 발견되면 의사는 먼저 고요산혈증이 온 이유(요산 수치를 높이는 생활습관, 동반 질환 또는 복용 중인 약제 등)를 파악해야 한다.

예를 들어 외래에 비만이거나 술을 좋아하는 남성들이 특히 요산 수치가 높다며 약을 처방해달라고 오는 경우가 많다. 이럴 때는 약을 처방해서 일시적으로 수치를 낮추는 것보다는 요산 수치 상승의 원인이 '비만'과 '과음'임을 환자에게 알려주고 이를 교정할 수 있도록 설명해주는 것이 필요하다. 그 외에 고혈압, 당뇨병, 고지혈증 등 다른 질환이 동반되어 있지는 않은지 확인해야 한다.

주의할 것은 무증상 고요산혈증이어도 혈중 요산 수치가 9.0mg/dL 이상인 경우에는 신장이 손상될 가능성이 높아지므로 환자에 따라서는 약물 치료를 고려할 필요가 있다는 점이다.[19]

통풍의 진단은 어떻게 하는가?

그렇다면 통풍은 언제 의심할 수 있을까? 대부분의 통풍은 급성 발작으로 시작된다. 급성 발작은 관절이 붓고 만지기 어려울 정도로 심한 통증이 동반된다. 주로 밤이나 아침에 자고 일어나서 증상을 느끼는 경우가 많다. 가장 흔하게는 엄지발가락에 발생하지만 팔꿈치, 무릎, 발목 등에 오기도 한다. 일부 환자에게서는 여러 관절을 침범하면서 열이 나기도 한다. 급성 통풍 발작은 '유증상' 상태이므로 진료를 보고 약물 치료를 받는 것이 필요하다.

정확한 진단을 위해서는 통풍 발작이 발생한 관절에서 관절액을 채취해 편광 현미경을 통해 요산 결정체가 있는지 관찰할 필요가 있다. 하지만 상황 및 증상만으로도 통풍을 충분히 의심할 만한 경우에는 관절액 채취 없이 임상적으로 진단하기도 한다.

급성 발작 시 고요산혈증이 동반되기도 하지만, 일부 상황에서는 평소보다 요산 수치가 일시적으로 낮아져 오히려 정상 범위일 수도 있다. 따라서 요산 수치는 급성 통풍 발작 진단에 참고할 만한 요소가 될 수는 있으나 절대적인 요소는 아니다.

갑상선 기능 이상,
약을 안 먹어도 되는가?

갑상선 기능 검사 결과가 이상하다?

갑상선은 우리 몸의 체온 유지와 대사 조절에 관여하는 중요한 장기다. 요즘은 개인이 신청하는 종합건강검진 항목에 갑상선 기능 검사가 포함되어 있는 경우가 많다. 그러다 보니 검진 결과지에 갑상선 기능 검사 결과가 이상하게 나왔다며 치료해야 하는 게 아닌지 질문하는 사람들이 꽤 있다. 그중 가장 흔한 것이 무증상 갑상선기능저하증(불현성 갑상선기능저하증)이다.

간혹 목이 답답하거나 가래가 자주 낀다며 갑상선에 문제가 생긴 것인지 묻는 사람들이 있다. 물론 심한 갑상선 비대나 매우 커다란 갑상선 결절이 있는 경우 이러한 증상을 유발할 수도 있다. 하지만 갑상선은 식도나 기도보다 바깥에 위치해 있다. 따라서 갑상선 비대나 큰 결절이 있을 경우 갑상선이 주로 목 바깥쪽으로 튀어나오기 때문에 목이 답답한 증상이 발생하는 경우는 흔치 않다. 또한 가래가 끼는 것은 갑상선과 큰 관련이 없다. 이럴 때는 오히려 기관지 문제나 역류성 식도염과의 연관성 등을 생각해보아야 한다.

무증상 갑상선기능항진증도 있으나 무증상 갑상선기능저하증에 비해 빈도가 많이 낮기 때문에 여기서는 무증상 갑상선기능저하증에 대해서만 살펴보려 한다.

갑상선기능저하는 왜 일어날까?

먼저 갑상선기능저하증이 왜 발생하는지 생각해보자. 여러 가지 원인 중 가장 흔한 것은 자가면역성 질환인 하시모토병이다. 면역이란 세균, 바이러스와 같이 외부에서 내 몸에 대한 공격이 있을 때 이와 싸우기 위해 작동하는 시스템이다. 그런데 자가면역성 질환이 있으면 이러한 면역 시스템에 문제가 생겨서 내 몸에 있는 정상적인 부분들을 공격해야 할 대상인 '적'이라고 인지하게 된다.

이를 갑상선에 적용해보면 내 몸이 갑상선을 적으로 인지해 갑상선을 공격하는 인자들을 자꾸 만들어낸다는 것이다. 그 인자들이 계속 갑상선을 공격하니 갑상선은 지쳐서 일을 안 하게 되고 갑상선기능저하증에 빠지게 되는 것이다.

'무증상'의 의미

갑상선 기능 검사는 흔히 혈액검사로 이루어진다. 대표적으로 2가지 호르몬을 측정하는데, 갑상선자극호르몬(TSH)과 갑상선호르몬(free T4)이다. 갑상선자극호르몬은 뇌하수체에서 분비되는 호르몬으로 우리의 뇌가 갑상선에게 호르몬을 언제 얼마나 분비할지 보내는 신호다. 이 신호를 받고 갑상선에서 분비된 갑상선호르몬은 우리 몸을 여기저기 돌아다니며 작용한다.

갑상선자극호르몬 수치는 증가해 있지만, 갑상선호르몬은 정상 범위에 있을 때 무증상 갑상선기능저하증이라고 진단한다. 실제 '증상' 유무는 진단에서 고려하는 요소가 아니다.

무증상 갑상선기능저하증은 갑상선호르몬이 낮아질 것 같은 낌새가 보이면 뇌가 이를 빠르게 감지해서 갑상선호르몬이 미처 낮아지기 전에 갑상선자극호르몬이 먼저 상승한 상태다. 하지만 실질적인 기능을 하는 갑상선호르몬은 정상 범위이기 때문에 대부분 특별한 증상이 없다. 그래서 이를 '무증상' 갑상선기능저하증이라고 부르는 것이다. 여성에서 더 자주 보이며, 나이가 들수록 빈도가 더 높아진다.

무증상 갑상선기능저하증이 확인된 경우 갑상선기능저하증으로 진행하려는 아주 초기 상태였을 수 있다. 또는 갑상선기능저하증으로 갈 뻔했지만 이를 극복하고 정상으로 돌아가려는 상태일 수도 있다. 둘 중 어느 경우이든 대부분 지금 당장 치료가 필요한 것은 아니다. 이때는 우선 갑상선자극호르몬의 일시적인 상승인지 지속적인 상승인지 유무를 확인하기 위해 추적 혈액검사를 해야 한다.

무증상 갑상선기능저하증은 치료해야 하는가?

무증상 갑상선기능저하증 치료에 대해서는 아직 일관된 진료지침이 없다. 일반적으로 갑상선기능저하 관련 증상이 있는 경우(피곤함, 변비, 우울함 등), 갑상선자극호르몬이 많이 높은 경우, 갑상선종이 있는 경우, 임신 또는 임신을 계획하는 경우, 갑상선자가항체 중 하나인 항마이크로좀항체(anti TPO Ab)가 고농도인 경우 치료를 고려하게 된다. 여기에 환자의 나이 및 심혈관질환의 위험도도 추가적인 고려 요소다.

치료는 일반적으로 갑상선기능저하증 환자에서 쓰이는 갑상선호르몬제(씬지로이드)를 투여하는 것이다. 이를 통해 갑상선자극호르몬을 정상 범위 내로 떨어뜨리는 것이 목표다.

간단하게 생각했을 때 평소와 컨디션이 비슷하고 기저질환도 없이 갑상선자극호르몬 수치만 살짝 올라가 있는 경우에는 치료를 하지 않는다. 처음으로 무증상 갑상선기능저하증 소견이 보인 경우는 1~3개월 후에 추적 혈액검사를 한다. 그 결과에서도 여전히 무증상 갑상선기능저하증이 확인되고 치료가 필요 없는 정도라면 6~12개월 간격으로 추적 검사를 권유한다.

비타민D 영양제
먹어야 하는가?

한국인 대다수가 부족한 비타민D

2014년 국민건강영양조사에 따르면 한국인의 2.8%만이 비타민D가 적정 수준임이 밝혀졌다.[20] 대부분의 영양소는 음식 섭취를 통해 얻어지는 것과 달리 비타민D는 대부분 자외선을 통해 피부에서 콜레스테롤을 이용해 합성된다. 식품으로 섭취할 수 있는 양은 우리 몸이 필요로 하는 비타민D의 5~10% 정도에 불과하다.

적절한 양의 비타민D를 합성하기 위해서는 4~11월에 반팔 반바지 차림으로 자외선 차단 크림을 바르지 않은 채 일주일에 2~3회 이상, 오전 10시~오후 3시 사이에 10~20분 동안 직접 햇볕을 쬐어야 한다. 여러 종류의 자외선 중 UVB만 피부에 도달했을 때 비타민D를 합성할 수 있는데, UVB는 창문이나 옷 등을 통과할 수 없으므로 실내에서는 햇볕을 쬐어도 비타민D가 합성되지 않는다.

하지만 현실적으로 이 정도 양의 햇볕을 쬐기란 쉽지 않다. 1년에 절반 이상의 기간 동안 반팔 반바지를 입고 햇볕을 쬐는 것도 쉽지 않을뿐더러 이렇게 자외선에 많이 노출되면 피부 노화, 피부암, 백내장 등의 문제를 일으킬 수도 있기 때문이다.

최근 연구에서는 햇볕을 적게 쬐는 것 외에도 비타민D 결핍에 영향을 미치는 여러 인자들이 있다고 밝혀졌다. 어두운 피부색, 노화로 인한 비타민D의 합성 감소, 흡연, 비만, 자외선차단제 사용 증가, 대기오염 등이다. 특히 비타민D는 지용성 비타민으로 지방에 용해가 되는 특성이 있어서 체지방이 증가된 상태인 비만 환자들에서 비타민D 결핍이 흔하다.[21]

비타민D는 왜 중요할까?

비타민D의 가장 기본적인 역할은 뼈 형성에 사용되는 칼슘이 장에서 흡수되는 것과 신장에서 재흡수되는 것을 도와 적절한 혈중 칼슘 농도를 유지하는 것이다. 따라서 충분한 양의 칼슘을 섭취하더라도 비타민D가 부족하면 칼슘 흡수율이 매우 떨어진다. 또한 비타민D는 뼈를 구성하는 성분이다. 비타민D가 부족할 경우 소아는 구루병, 성인은 골연화증, 골다공증의 위험이 높아진다.

비타민D는 암 사망률을 낮춰준다. 미국 미시간 주립 의과대학에서 암 환자 약 8만 명을 대상으로 시행된 10건의 임상시험을 분석한 결과 최소 3년 이상 비타민D 보충제를 복용한 그룹이 위약이 투여된 그룹보다 암 사망률이 13% 낮은 것으로 밝혀졌다.[22]

비타민D는 면역 조절에 중요한 역할을 한다. 코로나19 사태 이후, 일반인들의 '면역'에 대한 관심이 높아졌다. 같은 바이러스에 감염이 되어도 누군가는 무증상인 반면, 다른 누군가는 심각한 상태에 빠지거나 사망에 이르는 등 전혀 다른 임상 경과를 보이는 것을 목격했기 때문이다.

비타민D는 카텔리시딘(cathelicidin) 및 디펜신(defensin)의 발현을 유도해 선천면역반응에 관여한다.[23] 또한 면역 세포인 T세포(T cell)와 B세포(B cell)에 의해서 발생하는 후천면역반응을 억제하는 작용도 한다.[24]

말하자면 비타민D는 면역반응이 너무 과하지도 덜하지도 않게 '조절'해주는데 이것은 매우 중요하다. 면역반응이란 과해도 덜해도 문제가 된다. 예를 들어 면역반응이 과한 경우 사이토카인 스톰(cytokine storm)과 같은 급성 전신성 염증 반응이 발생할 수 있고, 이것이 오히려 우리 몸에 치명적인 영향을 미친다. 비타민D는 이런 것을 중재해주는 역할을 한다.

그 외에도 비타민D가 체내에 긍정적인 영향을 끼친다는 다양한 연구 결과들이 있다.

비타민D, 어느 정도가 적당한가?

체내 비타민D 상태는 혈액검사를 통해 확인이 가능하다. 비타민D에는 활성형과 비활성형이 있는데 활성형인 1,25(OH)2D는 반감기가 짧고, 비타민D가 부족한 경우에도 수치가 정상이거나 오히려 증가할 수 있다. 따라서 체내 비타민D의 상태를 파악하는 검사로서는 적절하지 못하다. 대신 반감기가 2~3주로 상대적으로 긴 비활성형인 25(OH)D를 측정한다.

2011년 미국 내분비학회(National Endocrine Society)는 혈액 내 비타민D 농도가 20ng/mL 미만이면 결핍, 20~29ng/mL이면 부족, 30~100ng/mL이면 충분이라고 제시했다.[25] 우리나라에서 제시되고 있는 비타민D 결핍의 기준은 없다. 또한 비타민D 치료 목표 농도에 대해서도 정해진 바는 없다.

여러 연구에서 비타민D의 목표 농도를 30~80ng/mL 범위 내에서 매우 다양하게 제시하고 있다. 미국 내분비학회는 2011년 가이드라인에서 혈중 비타민D 농도가 50ng/mL를 넘을 경우 사망 위험이 증가할 수 있다고 언급했다. 따라서 나는 진료를 볼 때 비교적 보수적인 이 기준을 감안해, 환자들에게 비타민D 농도를 30~50ng/mL로 유지하라고 설명한다.

하루에 얼만큼 섭취해야 하는가?

비타민D의 1일 권장 섭취량에 대해서는 기준이 다양하다. 보건복지부는 비타민D 1일 권장 섭취량을 2014년 200IU에서 2015년 400IU로 2배 상향 조정했다. 대한골다공증학회 및 대한골대사학회는 하루 800IU의 섭취를 권장하고 있다.

미국 내분비학회는 혈중 비타민D를 충분한 상태로 유지하기 위해 0~1세는 매일 400~1,000IU, 1~18세는 600~1,000IU, 19세 이상은 1,500~2,000IU를 복용하도록 추천한다(각각의 나이대에서 1일 섭취 가능 최대량은 0~1세는 매일 2,000IU, 1~18세는 4,000IU, 19세 이상은 10,000IU이다).

비만인 사람들은 이러한 기준량보다 2~3배 더 많은 비타민D를 필요로 한다. 또한 일부 항경련제, 결핵약, 항진균제, 에이즈 치료 약제, 스테로이드 제제 등을 복용하는 경우에는 상호작용이 발생해 비타민D 농도가 감소할 수 있다.

비타민D는 경구 투여를 원칙으로 하지만 흡수 장애가 있거나, 경구 섭취가 어렵거나, 또는 약제 순응도가 낮은 경우 등에서는 비타민D 주사제를 고려할 수 있다. 일반적으로 혈중 비타민D 농도를 10ng/mL만큼 올리기 위해서는 하루에 비타민D 1,000IU를 3~4개월간 투여해야 한다. 예를 들어 본인의 혈중 비타민D 농도가 10ng/mL이면 30ng/mL까지 올리기 위해서는 하루에 2,000IU 이상씩 3~4개월간 꾸준히 먹어야 한다.

하지만 환자들이 꾸준히 잘 먹지 못하는 경우도 종종 있다. 나는 외래에서 비타민D 결핍 정도가 심한 환자에게는 비타민D 경구약제는 기본으로 시작하고 3개월 간격으로 비타민D 주사제를 2회 정도 투여하는 방법을 쓰기도 한다.

비타민D 경구약제와 주사제의 가장 큰 차이는 용량과 투약 횟수다. 나는 비타민D 투약은 주사보다는 경구약제가 기본이라고 생각한다. 경구약제는 매일 같은 용량을 꾸준히 투여하므로 비타민D 농도가 서서히 증가하거나 비슷한 수준으로 유지된다는 장점이 있다. 그에 반해 주사제는 고용량(200,000IU를 주로 많이 쓴다)을 한 번에 투여하므로 비타민D의 농도가 급격하게 변화할 수 있다는 단점이 있다(주사 간격은 보통 3~4개월 정도다).

그래서 비타민D 결핍 또는 부족인 사람에게는 우선 경구약제를 먼저 고려하되, 비타민D 흡수가 잘 안 되거나 약을 챙겨 먹지 못하겠다는 사람의 경우에는 주사제가 대안이 될 수 있다.

비타민D가 풍부한 식품은 연어, 참치, 고등어 등과 같은 기름진 생선, 햇볕에 말린 표고버섯(햇볕이 아닌 열로 말리면 비타민D가 크게 증가하지 못한다), 우유, 달걀 등이다.

비타민D 보충치료를 시작하고 나면 3~6개월 후 혈중 비타민D 농도를 추적 검사하기를 권한다. 가끔 2~3년 전에 비타민D 결핍이라고 진단받은 후 비타민D 보충 치료는 계속 받으면서도 추적 혈액검사는 하지 않는 환자들이 있다. 현재 체내 비타민D 상태를 알아야 복용 중인 비타민D 용량을 그대로 유지해도 될지 또는 변경해야 할지 알 수 있다. 따라서 적어도 1년에 한 번 정도는 추적 혈액검사를 해보기 바란다.

또한 비타민D가 과량 축적될 경우 독성이 발생할 수 있다. 과량으로 인한 독성은 고칼슘혈증으로 인해 탈수, 요로 결석, 동맥의 석회화 등이 있다.

뇌MRI에서는 이상이 없는데 왜 머리가 아픈가?

머리가 아픈데 왜 이상이 없나요?

진료를 보다 보면 의외로 두통을 호소하며 찾아오는 환자들이 많다. 현재 내가 근무하는 병원은 MRI가 가능하다 보니, 몇 개월 동안 머리가 아팠다며 근심 어린 표정으로 뇌MRI를 찍고 싶다고 하는 환자들도 종종 있다(또는 증상은 없지만 종합건강검진으로 뇌MRI를 촬영하는 사람들도 꽤 있다). 이 환자들의 공통된 고민은 하나다. 두통이 이렇게 오래가는 것으로 보아 뇌에 심각한 문제가 있을 것이라고 짐작한다. 그리고 환자들 대부분이 검사를 통해 의사가 두통의 원인을 정확히 찾아서 해결해줄 것이라고 기대한다.

하지만 이러한 환자들 중 거의 대부분이 뇌MRI에서 큰 이상이 발견되지 않는다. 그럴 때면 환자들은 한결같이 이렇게 질문한다.

"저는 머리가 아픈데 왜 이상이 없나요?"

두통은 크게 일차성 두통과 이차성 두통으로 분류된다. 일차성 두통은 뇌신경계의 특별한 기질적 문제가 없이 발생하는 두통이고, 이차성 두통이란 특정 원인(예를 들면 뇌혈관질환, 뇌종양, 뇌감염 질환 등)에 의해 발생하는 두통이다. 외래에 내원하는 두통 환자의 대부분은 일차성 두통이므로, 이들은 MRI 등의 정밀검사를 해도 특별한 이상이 없다.

통증의 양상에 따른 두통의 분류

일차성 두통에는 대표적으로 긴장성 두통, 편두통, 군발성 두통이 있다. 이 중 긴장성 두통이 가장 흔하다. 긴장성 두통은 흔히들 말하는 '신경성 두통'에 해당한다. 머리가 조이는 느낌이거나 머리 전체가 띵하거나 어깨 또는 뒷목이 뻐근하다고 호소한다. 주로 몇 주에서 몇 년 동안 증상이 지속되는 경우가 흔하다.

긴장성 두통은 피로, 수면 부족, 심리적 원인 등에 의해 유발되며, 자세 변화 없이 오랜 시간 동안 앉아 있거나 서 있을 때도 나타날 수 있다. 이러한 원인들에 의해 어깨, 뒷목, 머리의 근육들이 뭉치게 되어 이 근육들 사이로 지나가는 말초신경이나 혈관이 눌리면서 통증이 발생한다.

편두통은 양상이 좀 더 다양하지만 주로 욱신거린다거나 콕콕 찌른다고 호소한다. 머리의 한쪽에 치우쳐서 나타나는 경우가 좀 더 흔하고 여성에게서 더 많이 발생한다. 두통과 함께 구역감, 복통, 눈부심 등의 동반 증상이 나타나기도 한다. 계속 머리가 아프다기보다는 통증이 발작적으로 발생했다가 완전히 괜찮아졌다가 하는 양상이다. 아직 원인이 명확히 밝혀지지는 않았지만 머릿속 혈관 신경이 과하게 예민해지면서 발생한다는 가설도 있다.

군발성 두통이란 삼차자율신경통증의 하나인데, 주로 눈과 그 주위인 관자놀이 또는 이마에서 찌르는 듯한 매우 심한 통증이 반복적으로 나타나는 두통을 말한다. 두통이 있는 쪽에서 눈물이나 콧물이 나기도 한다. 편두통과 달리 여성보다 남성에서 비율이 높다. 보통은 비슷한 시간대에 발생하고, 1년 중 일정한 계절이나 달에 주로 발생한다. 정확한 원인은 밝혀져 있지 않지만 몸의 생체시계를 주관하는 뇌의 시상하부의 기능 이상 때문이라는 추측이 있다.

이차성 두통은 뇌혈관질환, 뇌종양, 뇌감염 질환 외에도 약물, 경추신경 손상, 경추 염좌 및 긴장, 부비동염 및 코막힘, 턱관절 장애, 내과적 질환 등 여러 원인이 있다.

검사가 반드시 필요한 두통은 따로 있다

두통의 원인에 대해 정밀검사를 할 때는 주로 뇌 자기공명(MR)검사를 한다. MR에는 대표적으로 MRI와 MRA(Magnetic Resonance Angiography, 자기공명혈관조영술) 2가지 검사가 있다.

MRI는 강한 자기장 내에서 인체에 고주파를 쏴서 반사되는 전자기파를 측정해 얻는 영상으로 질병을 확인하는 검사이다. 부위에 관계없이 머리부터 발끝까지 몸의 조직과 근육 등의 단면을 확인하고 싶은 곳이라면 모두 촬영이 가능하다. 뇌MRI는 우리가 뇌 정밀검사라고 했을 때 흔히 떠올리는 검사라고 생각하면 된다. 뇌종양, 뇌경색, 뇌감염 질환 등 주로 뇌 '실질'에 이상이 있는지 보는 검사다.

MRA는 조영제 없이 혈관을 관찰할 수 있는 검사로, MRI와 기본적인 원리는 같다. 혈관 기형이나 혈관이 막힌 곳을 파악할 수 있어, 혈관장애나 동맥류 같은 문제들을 발견할 때 유용하다. 뇌MRA는 뇌 실질이 아닌 뇌의 '혈관'들을 보는 검사다. 뇌혈관이 좁아져 있거나 막혀 있는 경우 또는 혈관이 꽈리처럼 불거져 나온 뇌동맥류를 발견하기에 좋은 검사다.

그렇다면 환자들에게 MRI와 비슷하게 느껴지는 CT는 언제 하는 것일까? CT는 특수한 엑스레이 장비를 이용해 인체의 여러 각도에서 방사선을 투과해 연속적으로 단층촬영을 한 후, 재구성해서 나타내는 검사다. 뇌의 경우 뇌MRI보다 뇌CT가 주는 정보의 양은 적으나, 두개골 골절 또는 뇌출혈 유무를 볼 때 유용하다.

그렇다면 두통이 있을 때 위와 같은 검사가 필요한 경우는 언제일까? 다음과 같은 양상의 두통일 때는 이차성 두통일 확률이 높기 때문에 반드시 병원 진료가 필요하다.

- 갑작스러운 두통(번개가 치는 듯 갑작스럽게 최고조에 이르는 두통)
- 수일이나 수주에 걸쳐 점점 심해지는 두통
- 기침이나 재채기, 배변 시, 운동 시에 발생하는 두통
- 체위에 따라 변하는 두통
- 다음과 같은 증상이 동반되는 두통
  - 의식 저하
  - 시력의 변화, 복시
  - 성격의 변화, 행동 이상
  - 운동 또는 감각 이상, 어눌한 말
  - 명확한 다른 원인이 없는 발열 또는 구토

두통인데 왜 신경과를 가라고 하나요?

본인의 판단으로 머리가 아파서 병원 진료를 봐야겠다는 생각이 들 정도라면 '신경과' 진료를 권하고 싶다. 환자가 두통으로

진료를 봐야겠다고 생각할 정도라면, 대부분의 경우 타이레놀, 이부프로펜 등과 같은 일반적인 진통제를 몇 번 먹어보았는데도 크게 호전되지 않은 경우가 대부분이다. 따라서 두통에 대해 적절한 치료 방침을 세워야 하는데 그에 앞서 두통에 대한 정확한 진단이 필요하다. 두통의 종류에 따라 치료 방법이 달라질 수 있기 때문이다.

두통이란 그 하나만으로도 책 한 권을 쓸 수 있을 만큼 복잡한 질환이며 다양한 원인에 의해 유발된다. 또한 두통이란 우리 몸의 매우 중요한 기관인 '뇌'와 관련 있는 증상이므로 혹시라도 특정한 뇌질환을 놓쳤을 때 환자가 입는 피해가 매우 클 수 있다. 따라서 나는 두통으로 찾아오는 환자들에게 되도록 신경과 진료를 권한다.

그런데 외래에서 두통에 대해 신경과 진료를 권유하면 '신경과'라는 말을 처음 듣는다는 표정으로 나를 쳐다보는 사람도 있고 신경외과를 가야 하는 것 아니냐고 묻는 사람들도 있다. 물론 신경과와 신경외과 모두 뇌와 관련된 질병을 진료한다. 다만 비유를 하자면 내과와 외과가 있는 것처럼 신경계 질환에 국한된 내과와 외과가 신경과와 신경외과이다.

신경과는 수술을 하지 않는 신경계 질환인 치매, 파킨슨병, 뇌경색, 뇌의 기질적 병변이 없는 두통 등을 진료한다. 반면 신경외과는 주로 수술이나 시술적 치료가 필요한 신경계 질환을 본다. 대표적으로 뇌종양, 뇌출혈, 뇌동맥류, 추간판 탈출증, 척추 협착증 등이 있다.

두통이 있을 때 수술적 치료가 필요 없는 경우가 훨씬 많다. 따라서 우선 신경과 진료를 본 후에 신경과 전문의가 추가적으로 다른 과 진료가 필요하다고 판단하면 신경외과를 비롯한 다른 과 진료를 보는 것이 가장 적절하다.

뇌졸중, 뇌경색, 뇌출혈이 어떻게 다른가?

뇌졸중, 뇌경색, 뇌출혈, 중풍 무엇이 다른가?

통계청 자료에 따르면 2018년 한 해 동안 우리나라에서 발생한 뇌졸중 환자는 약 11만 3,455명이었다. 흔히 '중풍'이라고 불리는 뇌졸중은 뇌혈관이 막히거나(뇌경색) 뇌혈관이 터져서(뇌출혈) 뇌 조직에 혈액 공급이 안 되어 뇌세포가 괴사되는 질환이다. 즉, 뇌졸중이란 뇌경색과 뇌출혈을 모두 포함한다.

세계보건기구(WHO)는 뇌졸중을 '뇌혈관 장애로 인해 갑자기 발생한 신경학적 장애가 24시간 이상 지속되거나 그 전에 죽음에 이르는 것으로 뇌혈관 병 외에는 다른 원인을 찾을 수 없을 때'라고 정의하고 있다. 뇌졸중은 한번 발병하면 70%가 후유증

을 겪기 때문에 예방이 중요하다.[26]

뇌졸중이라고 하면 멀게 느껴질지 모르지만 우리가 많이 들어본 고혈압, 당뇨병, 고지혈증 등의 질환이 뇌졸중과 밀접한 관련이 있다. 또한 과음과 흡연, 비만 역시 뇌졸중의 위험을 높인다. 대한뇌졸중학회가 2018년 발표한 자료에 따르면 45세 미만 젊은 층에서 뇌졸중의 가장 위험한 인자는 흡연이었고, 55~74세 중장년층에서는 고혈압이 가장 위험한 인자였으며 당뇨병이 그 뒤를 이었다. 75세 이상 노년층에서는 부정맥의 한 종류인 심방세동이 뇌졸중의 가장 중요한 위험인자였다.[27]

뇌손상을 가져오는 뇌출혈

뇌경색은 뇌졸중의 80%를 차지하며 혈관이 심하게 좁아지거나 응고된 혈액 덩어리(혈전 또는 색전)가 뇌혈관을 막아서 발생한다. 혈전은 '피떡'이라고도 불리는 것으로 혈액이 굳어져서 작은 덩어리를 이루어 그 주위 혈관을 막는 것이다. 뇌경색이 발생하면 정상적으로 혈액이 공급되어야 할 뇌세포에 혈액 공급이 중단되면서 뇌가 손상된다.

색전도 혈전처럼 대부분 '피떡'이지만 혈관에서 만들어진 피떡이 혈액을 타고 이동하다 다른 부위의 혈관을 막아버린다는 차이점이 있다. 주로 심장에서 만들어지는 경우가 많다. 대표적인 예가 심방세동이 있는 환자에서 뇌경색이 발생한 경우다.

혈관이 막혀서 발생하는 뇌경색과는 다르게, 뇌출혈은 뇌혈관벽이 갑자기 찢어지면서 누출된 혈액이 혈관 바깥의 뇌조직에 직접 닿게 되면서 뇌손상이 발생하는 질환이다. 이렇게 누출된 혈액은 주변 뇌를 압박하기도 하고 국소적인 뇌압이 상승하며 혈액공급이 원활하지 않아 뇌경색이 이차적으로 발생함으로써 추가적인 뇌손상을 유발하기도 한다.

뇌는 뇌에 가까운 쪽에서부터 연막-지주막-경막의 3층의 막으로 싸여 있으며 경막의 바깥에는 두개골이 위치한다. 뇌출혈의 분류는 어느 층에서 발생하는 출혈인가에 따라 나누는 것이 대표적인데, 가장 흔히 사용하는 분류법은 연막보다 아래쪽인 뇌 실질 안에서 발생하는 출혈과 연막보다 바깥쪽인 뇌 밖에서 발생하는 출혈로 나누는 것이다 (2가지가 동시에 발생하는 경우도 있다.). 뇌 실질 내에서 발생하는 출혈의 원인은 고혈압, 동정맥기형, 모야모야병, 뇌종양 등이 있다.

뇌 바깥, 즉 뇌와 두개골 사이에서 발생하는 출혈 중 다쳐서 생기는 외상성 뇌출혈을 제외하면 가장 흔한 것은 지주막하 출혈이다. 지주막은 뇌를 감싸고 있는 3층의 막 중 중간 위치의 막인데 이 지주막 아래에 뇌에 혈액을 공급하는 수많은 뇌동맥이 지나간다. 따라서 이러한 뇌동맥이 찢어지며 출혈이 발생하면 지주막 아래에 피가 고이기 때문에 지주막'하' 출혈이라 명명한다. 지주막하 공간은 구획된 것이 아니라 전체 뇌를 따라 퍼져있기 때문에 출혈이 발생하면 넓은 범위로 퍼지면서 광범위한 뇌손상을 유발할 뿐 아니라, 지주막하 공간을 지나가는 파열되지 않은 뇌동맥에도 영향을 미쳐 추가적으로 이차적인 뇌손상을 만들 수 있다.

지주막하 출혈의 60% 이상을 차지하는 원인은 뇌동맥류 파열이다. 뇌동맥류란 뇌혈관의 일부가 꽈리(주머니) 같은 모양으로 돌출된 것을 말한다. 주로 고혈압 환자에서 발생하며 뇌혈관이 여러 갈래로 갈라지는 부위들에서 혈류에 의한 압력이 오랜 시간 지속되며 혈관벽이 얇아지고 부풀어 오른 경우가 많다. 뇌동맥류가 발생하는 것과 만들어진 뇌동맥류가 파열되는 모든 것에 고혈압은 위험요소이므로 고혈압을 잘 관리하는 것은 지주막하 출혈 예방에 매우 중요하다. 그 외에도 흡연, 동맥경화, 가족력, 나이, 여성 등이 뇌동맥류의 위험인자가 될 수 있다. 예를 들어 화장실에서 대변을 보다가 갑자기 심각한 두통과 함께 쓰러지는 상황을 상상해볼 수 있다.

대표적인 뇌졸중 증상은?

다음의 경우 뇌졸중을 의심해야 한다.

• 한쪽 얼굴 또는 팔다리가 힘이 빠지는 경우
• 말이 어눌해지거나 잘 나오지 않는 경우
• 한쪽 눈이 갑자기 안 보이거나 물체가 2개로 보이는 경우
• 걸으면 비틀거리며 참기 힘들 정도로 심하게 어지러운 경우
• 갑자기 머리가 깨질 듯한 양상의 두통을 느낀 경우

뇌졸중의 골든타임은 3시간이다. 따라서 이러한 증상이 발생하면 가까운 병원 응급실을 빨리 찾아가야 한다. 뇌졸중 치료는 어느 혈관에서 문제가 생겼는지와 그 양상에 따라 다양하다.

우선 뇌혈관이 막힌 뇌경색이지만 큰 혈관이 막힌 경우가 아니라면 혈액을 묽게 만들어 혈액 흐름을 원활하게 하는 경구 항혈소판제를 복용한다. 이때 혈압 조절도 중요하다.

큰 혈관이 막힌 경우는 혈전을 녹이는 치료가 필요하다. 막힌 혈관의 종류, 부위, 혈전의 모양 등을 고려해 정맥주사를 통해 혈전을 녹이는 약제를 투여하는 혈전용해술, 스텐트를 삽입해 좁아진 혈관을 넓히는 혈관성형술, 혈전을 흡입하는 혈전흡입술 등을 할 수 있다.

뇌출혈의 치료는 출혈의 종류와 양, 위치에 따라 다양하다. 먼저, 파열된 뇌동맥류는 일시적 출혈 후 피딱지가 덮인 채로 일단 지혈되게 되는데 48시간 이내 재파열될 위험이 70% 이상으로 알려져 있고 이러한 경우 치명률도 비약적으로 높아지므로,

파열된 뇌동맥류가 확인된 지주막하 출혈의 경우 가장 중요한 치료는 뇌동맥류의 재출혈을 막는 것이다. 개두술을 통해 뇌동맥류까지 접근하여 뇌동맥류의 목 부분에 클립이라는 금속 집게를 집어주는 수술을 하기도 하고 혈관 내 카테터 삽입을 통해 뇌동맥류까지 접근하여 뇌동맥류 안에 더 이상 혈액이 들어오지 못하도록 코일을 넣는 혈관 내 수술을 하기도 한다. 또한 뇌내출혈의 경우엔 양이 적으면 엄격한 혈압관리를 동반한 입원 경과 관찰 만으로 뇌출혈이 자연적으로 흡수되어 호전될 수 있으나, 양이 많을 경우 뇌압을 낮추기 위해 개두술을 비롯한 다양한 수술이 필요하기도 하다.

뇌경색 의심 증상을 부모님께 미리 알려드리자

고혈압이 있는 70대 남성이 속이 안 좋다고 부인과 함께 외래에 내원했다. 속이 어떻게 안 좋은지 물어보니 당일 아침부터 구토를 서너 번 했다고 했다. 전날까지는 특별한 불편함도 없었고, 내원 당일 아침 식사도 평소처럼 했다고 말했다. 의심되는 원인 없이 고령의 환자가 갑자기 구토를 하는 것이 좀 이상해서 이것저것 문진을 하다 보니 어지럼증도 있다고 했다. 어지러운 게 먼저였는지 구토가 먼저였는지를 물었더니 환자는 어지러운 게 먼저인 것 같았다고 했다. 그런데 머리가 아프지는 않다고 했다.

점점 소화기가 주요 문제는 아닐 것이라는 확신이 들던 중 보호자가 한마디 했다.

"그런데 할아버지가 한쪽 힘을 좀 못 쓰는 것 같아."

환자의 손에 내 손가락 2개를 쥐어주고는 세게 잡아보라고 하니 큰 차이는 아니었지만 오른손 힘이 약한 것을 느낄 수 있었다. 일어나서 똑바로 걸어보라고 했더니 어지러워서 그건 못 하겠다고 했다.

이 정도면 뇌졸중일 가능성이 매우 높아 보였다. 서둘러 뇌 CT를 촬영한 결과 뇌출혈은 없었고, 소뇌경색이 의심되는 소견이 보였다(뇌경색을 진단하는 데에 가장 적절한 검사는 뇌MRI다. CT에서는 급성 뇌경색이 보이지 않는 경우가 대부분이다. 하지만 당시 내가 근무하던 병원에는 MRI 기계가 없었다).

환자와 보호자에게 뇌경색 가능성이 높아 보이니 주변 큰 병원으로 가야 한다고 설명하고 구급차를 불렀다. 구급차를 기다리는 동안 심전도를 찍었더니 심방세동이 보였다. 보호자에게 물어보니 부정맥이 있다고 예전에 들은 적이 있는 것 같다고 했다. 그제야 마지막 퍼즐이 맞춰지는 느낌이었다.

그 환자는 고혈압, 심방세동이라는 뇌경색의 위험인자를 갖고 있었고, 뇌경색의 대표적인 증상인 '한쪽 팔다리 힘 빠짐, 어지럼증'이 있었으며, 어지럼증으로 인해 이차적으로 '구토'라는 증상이 발생한 것이었다. 환자는 다행히도 상급 병원으로 잘 이

송되었다.

고령의 환자는 이렇게 뇌경색이 와도 그 증상을 이상하다고 생각하지 않고 병원에 가지 않는 경우도 있고, 때로는 중요하지 않은 다른 증상부터 말하는 경우도 많기 때문에 진단이 늦어지기가 쉽다. 그래서 가족 중 고령인 분이 있다면 미리미리 이런 뇌경색 의심 증상을 알려드리는 것도 좋은 방법이다.

Tip

일과성 뇌허혈 발작(TIA, Transient Ischemic Attack)

뇌졸중 증상이 일시적으로 나타났다가 없어지는 증상인 일과성 뇌허혈 발작은 뇌혈관이 일시적으로 막혔다가 자연적으로 다시 뚫린 것을 말한다. 뇌경색이 잠시 왔다 간 것과 유사하다고 생각하면 된다. 보통은 10분 안에 사라지는 경우가 흔하지만 수 시간 지속되는 경우도 있다. 저절로 금방 증상이 없어지고 후유증이 없어 대수롭지 않게 여기고 넘어갈 수 있다.

하지만 일과성 뇌허혈 발작도 뇌혈관에 문제가 있다는 것을 나타낸다. 앞으로 뇌졸중이 발생할 수 있다는 경고에 해당하는 것이다. 대한뇌졸중학회 자료에 따르면 일과성 뇌허혈 발작 발생 후 3개월 내로 2.4%, 1년 내로 3.7%에서 뇌졸중이 발생했다.[28] 이러한 증상이 발생했을 때 그냥 넘기지 말고 관련 검사 또는 약물 치료를 위해 신경과 진료를 보기 바란다.

3장

알아두면 좋은 의학 지식 14가지

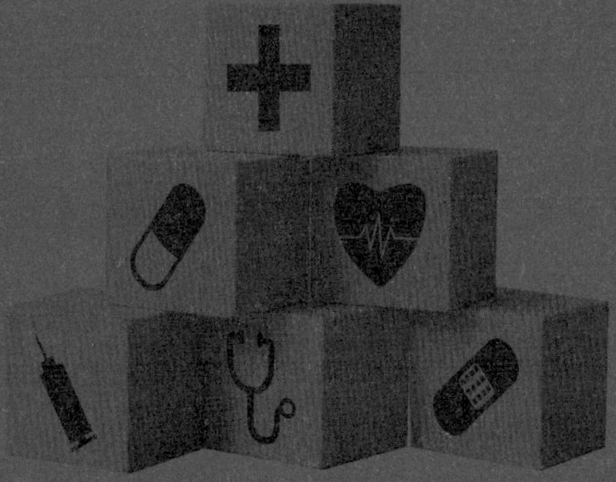

잘못된 생활습관으로 건강을 해치지 마라

어느 날 갑자기 발생하는 것이 아니다

만성질환이란 보통 '6개월 혹은 1년 이상 계속되는 질환'을 말한다. 주로 완치보다는 장기적으로 관리하는 개념이다. 국내 3대 만성질환인 고혈압, 당뇨병, 고지혈증 중 하나라도 치료받은 적이 있는 사람은 2006년 약 622만 명에서 2016년 약 1,127만 명으로 10년 사이에 2배 가까이 증가했다.[29]

대표적인 만성질환인 고혈압, 당뇨병, 고지혈증은 비교적 '예방이 가능한 질병'이다. 암은 대부분의 경우 진단 전에는 전혀 몰랐다가 어느 날 갑자기 '암'이라고 진단받는다. 하지만 고혈압, 당뇨병, 고지혈증과 같은 질환은 조금 다르다.

갑작스럽게 생활 패턴이 바뀌었거나 단기간에 체중이 급격하게 증가한 경우가 아니라면 대부분 수개월에서 수년에 걸쳐 진행하고 발생한다. 오늘 당뇨병이 진단된 사람을 예로 들어 생각해보자. 과연 이 사람은 1년 전까지 정상 혈당이었다가 갑자기 오늘 당뇨병이 진단된 것일까?

아마 이 사람의 이전 혈액검사 결과들을 보면 공복혈당이 증가해 있는 공복혈당장애가 반복적으로 보였을 것이다. 그 '당뇨병전단계'에서 식이조절, 운동 및 체중감량과 같은 노력을 했다면 당뇨병이 오지 않았을 수도 있다.

고혈압도 마찬가지다. 혈압이 계속 정상 범위였던 사람이 갑자기 고혈압이 진단되는 건 흔치 않다. 이미 이전부터 반복적으로 경계성 고혈압이 발견되다가 결국 고혈압을 진단받는 경우가 대부분이다.

고혈압, 당뇨병, 고지혈증은 어느 정도 예방 가능하다

사망률의 가장 흔한 원인인 '암'은 위에서 언급한 질환들에 비하면 예방이 쉽지 않다. 물론 각각의 암마다 위험인자가 있기에 그것을 되도록 피하면(예를 들어 폐암을 예방하기 위해 담배를 피우지 않는다) 예방하는 데 기여를 할 수는 있을 것이다. 하지만 암은 종류도 매우 다양하고 위험인자 중 내가 교정할 수 없는 부분들도 많으며 가족력이 중요한 요소다.

예를 들어 술, 담배를 거의 안 하고 갱년기 여성호르몬 치료도 따로 받지 않았고 여태까지 다른 혈액검사 결과에서 이상한 점이 없었는데도 유방암이 진단되는 경우가 종종 있다. 다시 돌이켜봐도 유방암 예방을 위해 할 수 있었던 행동은 별로 없다. 만성 B형 간염 환자에서 간암이 생긴 경우를 생각해보자. 술을 먹지도 않고, 여태까지 간수치도 이상한 적이 없는데 갑자기 간암이 진단되었다. 이미 태어날 때 수직감염이라는 경로를 통해 엄마에게 B형 간염 바이러스를 받았고 만성 B형 간염 환자로 자라난 이 사람은 술을 먹지 않았지만 '타고난' B형 간염 바이러스 때문에 간암이 발생했다.

이런 식으로 암이란 예방하는 데 한계가 있는 병이다. 하지만 고혈압, 당뇨병, 고지혈증은 다르다. (유전적인 영향이 있기는 하지만) 많은 경우 여태까지 살아온 나의 평소 생활습관이 쌓여서 병을 일으킨다. 따라서 내가 평소에 균형 잡힌 식사를 적당량 하고, 절주와 금연을 하면서 일주일에 3회 이상 운동으로 적정 체중을 유지한다면 고혈압, 당뇨병, 고지혈증 발생 확률을 크게 낮출 수 있다.

하지만 많은 사람들은 대부분 기존의 생활습관을 그대로 유지하면서 살아간다. 게다가 나이가 들수록 활동량은 줄어들고 대사량 또한 떨어지므로 젊을 때보다 더욱더 식습관을 조절하고 운동을 해야 함에도 불구하고 젊을 때 살던 방식대로 산다. 그리고 검진 결과에서 공복혈당, 혈압, 콜레스테롤 수치가 이상하다고 들으면 의아해하면서 의사에게 원인을 묻는다. 의사가 잘못된 식습관, 과체중과 비만, 운동 부족 등이 원인이니 그것을 개선해야 한다고 설명하면 실제로 개선하고 꾸준히 유지하는 사람은 많지 않다.

잘 생각해보면 원인이 비교적 명확하기에 그 원인을 해결하면 병에 걸릴 확률을 크게 줄일 수 있다. 병에 걸리지 않는다면 평생 먹어야 하는 약들을 안 먹을 수 있다. 게다가 고혈압, 당뇨병, 고지혈증은 뇌경색, 뇌출혈, 협심증, 심근경색 등과 같은 심뇌혈관질환의 위험인자다. 즉, 고혈압, 당뇨병, 고지혈증을 예방함으로써 이들의 합병증인 심뇌혈관질환까지도 예방할 수 있는 것이다.

그렇다면 당장 오늘부터라도 생활습관을 바꾸는 것은 충분히 해볼 만한 일이라고 생각한다. 당신의 습관으로 건강을 해치지 말라.

양성종양과 악성종양,
무엇이 다른가?

양성종양은 악성이 아니라는 말

몇 개월 전 갑상선 초음파 결과 악성이 의심되는 작은 결절(혹)이 보여서 세침흡인세포검사를 시행한 50대 여성이 있었다. 다행히 조직검사 결과는 양성종양이었다.

혹시나 환자가 조직검사 결과를 전전긍긍하며 기다리고 있을까 봐 하루라도 빨리 결과를 알려주고 싶었다. 그래서 검사 결과가 나온 날 환자에게 직접 전화를 했는데 받지 않아 문자를 남겼다.

"○○ 님, 갑상선 세침흡인세포검사 결과 양성종양으로 확인되었습니다."

좋은 소식을 전달하게 되어 다행이라는 생각을 했다. 그때까지도 나는 이상한 점을 전혀 느끼지 못했다.

그런데 다음 날 출근하니 간호부에서 연락이 왔다.

"원장님, ○○ 님이 양성종양이 무슨 말이냐고 연락이 왔었습니다."

아뿔싸! 전혀 예상치 못한 반응이었다.

양성 vs 음성, 양성 vs 악성

국가암정보센터에 따르면 종양이란 '우리 몸속에서 새롭게 비정상적으로 자라난 덩어리'를 의미한다. 종양은 크게 양성종양과 악성종양으로 나눌 수 있다. 물론 양성도 악성도 아닌 경계성 종양이라는 것도 있지만, 여기에서는 편의상 양성종양, 악성종양에 대해서만 설명하겠다.

악성종양은 '암'을 의미한다. 그에 비해 양성종양은 크기가 잘 변하지 않거나 변하더라도 비교적 서서히 커지며 다른 곳에 전이되지 않는 종양이다. 또한 대부분의 양성종양은 생명에 지장을 주지 않는다.

앞의 환자에게 나는 검사 결과가 악성종양(암)이 아니라는 의미에서 양성종양이라고 말한 것이다. 그런데 환자가 받아들인 의미는 달랐다. 음성이 좋은 것 같은데, 양성이 나오니 안 좋다는 의미라고 받아들인 것 같았다. 환자를 하루라도 빨리 안심시

켜주려고 한 나의 노력이 오히려 환자를 고민에 빠뜨리는 '웃픈' 상황이 되어버린 것이다.

양성종양은 안심해도 될까?

"갑상선에 양성으로 보이는 결절이 있습니다"와 같이 양성종양이 있음을 환자들에게 설명하면 종종 그것이 생긴 이유를 묻는다. 대부분의 양성종양은 발생 원인을 모른다. 따라서 딱히 예방하거나 관리할 방법은 없다. 예를 들어 금주는 간암을, 금연은 폐암을 예방하는 데 도움이 되지만 간이나 폐에 생기는 양성종양을 예방하지는 않는다.

대부분의 양성종양은 문제를 일으키지 않으므로 별다른 치료를 하지 않는다. 하지만 그중 일부는 제거해야 되는 경우도 있다. 크게 2가지로 나누어서 생각할 수 있다.

갑상선, 유방, 간, 신장, 자궁에 생긴 양성종양은 대부분 경과를 관찰한다. 주로 검진 초음파 후에 "갑상선이나 유방에 양성 결절, 간이나 신장에 단순 낭종, 자궁근종이 있습니다"라고 듣는 경우가 흔하다. 이런 결과를 들으면 걱정은 조금 덜어놓고 의사가 권유하는 대로 적절한 간격에 따라 추적 관찰하면 된다.

물론 양성종양으로 보여도 추후 모양이 변하거나 크기가 빠르게 커지는 등의 변화를 보인다면 조직검사와 추가 검사가 필요할 수 있다(이렇게 변화하는 경우도 있기 때문에 추적 관찰을 하는 것이다). 또한 증상을 유발할 때는 시술 또는 수술을 통해 제거하기도 한다. 예를 들어 빈혈이나 복통을 유발하는 자궁근종, 복통을 유발할 정도로 크기가 큰 간 낭종 등이 그러하다.

양성종양이지만 수술을 하는 경우

담낭, 췌장, 부신, 뇌하수체, 종격동, 뼈에 생기는 양성종양 등은 수술적 치료를 하는 경우가 종종 있다. 그중 비교적 자주 접하는 담낭, 췌장, 부신의 양성종양에 대해 설명하겠다.

담낭(쓸개) 용종의 대부분은 양성종양이며 그 중 콜레스테롤 용종이 가장 흔하다. 또한 크기도 0.5cm 이하인 경우가 많다. 크기가 이렇게 작은 경우 악성의 위험이 거의 없으므로 초음파를 추적 관찰을 하면서 지켜본다.

하지만 크기(1cm 이상), 개수, 성상, 담석이나 증상의 동반 여부, 처음 진단된 나이 등을 고려해 악성이 의심되거나 추후 악성으로 변할 가능성이 높은 경우 수술을 한다. 담낭 용종은 조직검사가 불가능하므로 악성 '가능성'을 기준으로 수술을 결정하게 된다.

췌장의 종양은 영상만으로는 악성과 양성의 구분이 어려운 경우가 많으며 조직검사 또한 쉽지 않다. 따라서 크기나 종양의 성상이 수술적 치료 여부를 결정하는 주요 요인이다. 또한 췌장 결절 중 췌관내유두상종양(그중에서도 주췌관형)은 양성인 경우에도 60% 이상에서 악성으로 진행할 수 있기 때문에 수술적 치료를 한다.

부신 종양은 호르몬을 과도하게 분비하는 '기능성 종양'인 경우 수술을 한다. 또는 호르몬 문제를 일으키지 않는 '비기능성 종양'도 크기가 4~5cm이거나 영상 검사에서 암이 의심되는 성상이 확인될 경우 수술로 제거한다(부신은 조직검사를 하기 어려운 위치에 있어 대부분의 경우 조직검사를 하지 않는다).

Tip

헷갈리는 종양 관련 용어 정리

- 혹 : 의학 용어는 아니지만 일반적인 의사소통에서 많이 쓰이는 용어로 '종양'과 유사한 의미로 보면 된다.
- 종양 : 우리 몸속에서 새롭게 비정상적으로 자라난 덩어리
- 결절 : 내부에 공간이 없는 장기에서 발생한 종양
  예) 갑상선 결절, 폐 결절, 유방 결절
- 용종 : 내부에 공간이 있는 장기에서 점막이 돌출되어 발생한 종양
  예) 위 용종, 대장 용종, 담낭 용종
- 낭종 : 일반적으로 '물혹'이라고 지칭되는 것으로 종양 내부가 액체로 채워져 있을 때 낭종이라 하며 양성인 경우가 많음
- 암 : 악성종양과 같은 의미

살은 숨이 차야 빠진다

뚱뚱해지는 이유는 무엇일까?

신체 활동량 감소와 칼로리의 과다 섭취로 인해 과체중 및 비만 인구는 전 세계적으로 빠르게 증가하고 있다. 과체중 및 비만 인구는 2005년 약 13억 명이었지만 2030년에는 약 33억 명으로 증가할 것으로 예상된다.[30] 대한비만학회의 기준에 따르면 '우리나라' 성인에서 체질량지수(BMI)가 23kg/㎡ 이상이면 과체중, 25kg/㎡ 이상이면 비만으로 정의한다.

그러면 우리는 왜 살이 찌는 것일까? 간단히 생각해보자면, 쓰이는 에너지보다 들어오는 에너지가 더 많기 때문이다. 이 간단하고 명백한 '팩트'를 우리는 자주 잊고 산다. 가끔 외래에서 과체중이나 비만인 환자에게 체중감량을 위해서는 우선 먹는 양을 줄여야 한다고 설명하면 약 절반 정도가 "저 많이 안 먹어요"라고 말한다(이들 중 정말 호르몬 분비 이상 등의 질환이나 약물 부작용과 같은 다른 원인에 의해 비만이 된 경우는 극히 드물다). 중요한 것은 본인이 느끼기에 양이 적을지는 모르지만, 본인의 몸이 '필요한 것 이상'으로 먹고 있다는 것이다.

여기에 덧붙여서 중요한 문제는 2가지가 더 있다. 같은 양을 먹어도 무엇을 먹는지와 규칙적인 운동을 하고 있는지다. 같은 500kcal를 먹더라도 과자 한 봉지를 먹는 것과 균형 잡힌 한 끼 식사 3분의 2를 먹는 것은 내 몸에 미치는 영향이 전혀 다르다. 따라서 비만인 사람이 좋은 식단으로 내게 필요한 만큼 먹으면서 적당한 강도의 운동을 '꾸준히 하면' 시간이 많이 걸릴 수는 있어도 체중이 감량될 수밖에 없다.

식이조절 외에 왜 운동까지 해야 할까?

비만은 만병의 근원이라는 말이 있다. 실제로 과체중 및 비만은 고혈압, 당뇨병, 고지혈증, 심뇌혈관질환 등을 유발한다. 이러한 질환들을 일으키는 중심 기전 중 하나가 인슐린 저항성이다. 인슐린은 췌장에서 분비되는 호르몬으로 우리 몸의 혈당이 과다하게 올라갔을 때 이를 낮추기 위해 분비된다(인슐린은 근육으로는 포도당을 공급하고 간에서는 주로 포도당의 생성을 억제한다).

비만한 사람에게서는 체지방이 분해되어 생성되는 유리지방산이 많아진다. 다량의 유리지방산이 지방세포에서 분비되어 혈중 농도가 높아지면 여러 복잡한 과정을 통해 인슐린 저항성이 발생한다. 인슐린 저항성이란 인슐린에 대한 반응이 정상적인 수준보다 저하된 상태를 말한다. 따라서 인슐린 저항성이 생기면 우리 몸은 더 많은 인슐린이 필요하다고 간주하고 더 많이 분비한다. 그러면 신장에서 염분 배설이 잘되지 않고 교감신경이 항진되어 고혈압이 발생한다. 또한 혈중 중성지방이 증가하고 HDL 콜레스테롤이 감소해 이상지질혈증이 유발된다.

인슐린 저항성을 개선하는 데 중요한 역할을 하는 것이 바로 운동이다. 따라서 체중감량에 있어서 식이조절은 가장 기본이며 여기에 운동까지 더해지면 더욱 효과가 좋을 수밖에 없다.

"저 매일 만 보씩 걷는데요?"

진료실에서 과체중 및 비만 환자를 많이 만나다 보니, 운동하라는 말을 자주 하게 된다. 이는 과체중 및 비만인 사람한테는 당연하거니와 체중은 정상이지만 내장비만이 있는 사람들, 폐경이 되어서 갑자기 고지혈증이 생긴 사람들에게도 해당한다. 그럴 때 환자들의 가장 흔한 반응 2가지가 있다. 첫 번째는 '매일

만 보씩 걷는데 왜 살이 안 빠지나요?' 두 번째는 '무슨 운동을 해야 하나요?'라고 묻는 것이다.

매일 만 보씩 걷는데 왜 살이 안 빠지냐는 말을 들으면 내가 맨 먼저 하는 질문은 '만 보 걷고 나면 숨이 차신가요?'이다. 대답은 주로 '아니요'이다. 체중조절을 위해 운동할 때는 중강도의 유산소운동을 30분 이상 해야 효과적이다.

중강도 유산소운동이란 무엇일까? 본인 최대 심박수의 70% 수준까지 증가하도록 만드는 운동이 해당한다. 쉽게 생각해서 땀이 나고 숨이 좀 차는 정도의 운동을 의미한다. 경보(1시간에 4km 정도 속도), 자전거 타기(1시간에 16km 정도 속도), 복식 테니스, 수중 에어로빅 등이 있다.

"무슨 운동을 해야 하나요?"

두 번째로 흔한 질문인 '무슨 운동을 해야 하나요?'에 대한 대답은 간단하다.

"무슨 운동인지 중요하지 않습니다. 무엇이든 좋으니 30분 이상 일주일에 3~5회 이상 하시고 숨이 가볍게 차는 정도면 됩니다."

댄스 스포츠를 하든 제자리 뛰기를 하든 경보를 하든 종류는 크게 중요하지 않다. 당장 '시작'하는 것이 중요하다. 처음부터 30분 이상 하는 것을 바라지는 않는다. 전혀 운동을 안 하던 사람이라면 오히려 몸에 무리가 갈 수 있으니 처음에는 저강도 운동으로 10~15분 정도에서 시작해 이후 적응이 되면 강도를 올리고 시간도 점차 늘려나가는 것이 좋다. 나는 고령의 환자들에게는 비교적 손쉽게 할 수 있는 '경보'를 주로 권한다(기저 심장 질환, 폐 질환, 근골격계 질환 등이 있을 때는 의사와 상담 후에 운동 종류를 결정하는 것이 좋다).

체중을 감량하는 데 운동은 매우 중요한 요소이지만 식이조절 없이 운동만 해서는 체중감량이 쉽지 않다. 또한 과체중 및 비만 상태에서 바로 숨이 찰 정도의 운동을 시작하면 관절에 무리가 가거나 운동 중 부상을 입기 쉽다. 따라서 처음에는 가벼운 운동과 엄격한 식이조절을 통해 본인 체중의 5~10%를 뺀 후에 운동 강도를 높이는 것이 더 효율적이다. 또는 중강도 운동 중에도 비교적 체중 부하가 낮은 수영이나 자전거 타기로 시작하는 것도 방법이다. 잊지 말아야 할 것은 모든 운동은 본운동 전에는 준비운동, 후에는 마무리 운동을 해주어야 운동의 효율도 높이고 부상의 위험도 줄일 수 있다는 것이다.

‘기운이 하나도 없다’는 말의 의미

의사에게 가장 어려운 말

응급실이나 외래에서 환자를 진료할 때 “어디가 불편해서 오셨어요?”라는 질문에 나를 가장 힘들게 하는 환자의 답변은 바로 “기운이 하나도 없어요”이다. 이 한마디를 들으면 내 머릿속에는 수십 가지의 가능성이 떠오른다. ‘기운이 없다’는 건 ‘특별한 문제가 아닌 상태’부터 ‘당장 치료가 필요한 상태’까지 스펙트럼이 매우 넓기 때문이다.

진료실에서 기운이 없다고 호소하는 환자의 대다수는 질병 때문이 아니다. 질병이 있을 때만 기운이 없다고 느껴지는 것은 아니지 않은가. 마음이 힘들 때, 너무 피곤할 때, 의욕이 없을 때 등 일상생활에서도 기운이 없는 경험을 한두 번은 해보았을 것이다.

사석에서 지인이 기운이 없다고 한다면 요즘 무리를 하지는 않았는지, 마음이 힘든 일은 없었는지 물어보고 얘기를 들어줄 것이다. 그리고 맛있는 거 먹고 좀 쉬는 게 어떻겠냐고 덧붙이면 될 일이다. 그런데 진료실에서 '의사'로서 '환자'가 기운이 없다고 하면 상황이 완전히 달라진다. 가능한 모든 질환에 대해 떠올리고 빠른 시간 내에 감별 진단을 해내야 한다.

기운이 없다고 찾아온 20대 여성

6개월 전, 진료가 끝나기 20분 전쯤에 20대 여성이 진료를 보러왔다. 기운이 하나도 없다며 겨우 걷는 듯한 걸음으로 간호사의 부축을 받으며 들어왔다. 언제 증상이 시작되었냐고 물으니 어제부터라고 했다. 요즘 특별한 환경 변화가 있었는지, 심리적인 충격은 없었는지 등 우선 가벼운 질문부터 시작했다. 특별히 달라진 게 없다고 했다. 다만 어제부터 월경이 시작되면서 증상이 심해졌다고 말했다.

혈압, 체온, 혈당은 정상이었다. 동반되는 다른 증상은 없냐고 물으니 가슴 사이를 손바닥으로 치며 가슴이 좀 답답한 느낌도 있다고 했다. '기운이 없다'에 이어 매우 모호한 증상 중의 하나인 '가슴이 답답하다'까지 호소하다니, 머릿속이 더 복잡해졌다.

특별히 진단받은 기저질환은 없다고 했다. 기저질환이 없는 젊은 여성이 월경 시작과 함께 이렇게 모호한 증상을 호소하니, 월경으로 인한 자연스러운 증상일 수도 있겠다는 생각이 들었다. 하지만 그러한 판단은 우선 다른 질병이 아니라고 감별된 후에야 떠올려야 하는 것이었다.

실마리는 환자의 대답에서 찾는다

환자가 준 정보를 토대로 이상한 점들을 머릿속으로 정리해 보았다. 일반적으로 기운이 없다고 호소하는 환자들에게 언제부터 그랬냐고 물으면 가장 흔한 대답은 "좀 됐어요"이다. 그런데 이 환자는 기운이 없기 시작한 시점을 비교적 정확히 표현했다. 그리고 일반적으로 마음이 힘들어서(이를테면 정신적인 충격이나 스트레스 등으로) 기운이 없다고 호소하는 사람에 비해 지금 당장 몸을 가누는 것도 어려울 만큼 훨씬 힘들어하는 것이 눈에 보였다.

마음 같아서는 당장 혈액검사를 해서 이상 소견을 확인하고 싶었지만 이미 시간이 꽤 늦은 오후여서 검사를 해봤자 그날 결과를 확인할 수 없는 상황이었다. 그냥 마음 편히 다른 병원 응급실로 보내고 예정대로 퇴근하고 싶다는 유혹도 밀려왔다. 하지만 지금 딱히 무슨 질환인지 전혀 감도 안 잡히는 상황에서 무조건 응급실로 보내면 환자가 오히려 더 고생할 것 같아서 고민되었다. 그래서 우선 퇴근에 대한 마음을 접고 기본 신체 검진부터 시작했다.

기본 신체검진과 자세한 병력 청취부터

청진을 하고 배가 아픈 부위는 없는지 만져보았다. 손끝에서 산소포화도를 측정했고 빈혈이 심하지는 않은지 아래 눈꺼풀도 뒤집어보았다. 이런저런 신체 검진 끝에 이상한 점을 한 가지 발견했다. 환자의 맥박이 너무 빨랐다. 병원에 와서 긴장을 하거나 평소보다 컨디션이 안 좋으면 어느 정도 맥박이 빨라질 수는 있지만, 이 환자는 그 점을 감안하더라도 너무 빨랐다. 맥박은 1분에 60~100회가 정상인데 이 환자는 1분에 140회가 넘었다.

부정맥인가 싶어 다시 한 번 긴 시간 동안 청진을 해보았지만 심음에도 문제가 없고 맥박은 규칙적이었다(당시 심전도를 찍을 수 없는 상황이었다). 부정맥도 아니고 열이 나지도 않는데 맥박이 빠르다면 우선 '탈수'부터 떠올려야 했다. 환자에게 어제 오늘 무엇을 얼마나 먹었는지 물었다. 그랬더니 그제부터 소화가 잘 안 되어서 어제 밥을 거의 안 먹었고, 오늘은 블랙커피 한 잔 마신 게 전부라고 했다.

드디어 실마리가 풀리는 듯했다. 이틀간 거의 먹은 게 없는 상태에서 월경이 겹쳤고 커피까지 마셨으니 탈수 상태가 된 것이었다. 그리고 탈수를 보상하기 위해 맥박이 빨라진 것이었다. 이를 해결하기 위해 수액을 투여하기로 결정했다. 그리고 비교적 빠른 속도로 생리 식염수를 투여했다. 수액이 끝날 때쯤 되자 환자의 맥박은 1분당 120회 정도로 감소했다. 여전히 정상 맥박은 아니었지만 환자는 내원할 때보다 컨디션이 훨씬 나아졌다며 이 정도면 살 만하다고 했다.

아직 탈수를 좀 더 교정해줘야 했기에 환자에게 집에 가면 생수나 이온음료 1L를 여러 번에 걸쳐 천천히 마시라고 설명했다. 그리고 혹시라도 오늘 밤에 다시 힘들어지면 꼭 응급실에 가서 기본 검사를 받아보라고 설명했다. 간호사의 부축을 받으며 진료실에 들어왔던 그 환자는 두 발로 잘 걸어서 병원을 떠났다.

그 환자의 맥박을 재보지 않고 푹 쉬면 좋아질 것이라며 바로 집으로 돌려보냈다면 어땠을까? 그 환자는 탈수가 더욱 진행되어 어쩌면 밤에 혈압이 떨어지거나 급성 신부전이 발생했을지도 모른다. 이런 상상을 할 때면 무서우면서도 나쁜 상황을 미리 막았다는 생각에 보람을 느낀다.

기운 없을 수 있는 수많은 상황

위의 사례는 결론만 놓고 보면 '탈수된 환자에게 물을 주었다.

그래서 환자가 좋아졌다'로 매우 간단하다. 문제는 환자가 "제가 탈수되었어요"라고 말하면서 진료실에 들어오지 않는다는 것이다. '기운이 없어요'라는 말이 사실 '저 탈수되었어요'라는 의미였던 것이다. 이 환자에게는 그러한 의미였지만 때로는 그 말이 '마음이 너무 힘들어요', '급성 콩팥 손상이에요', '갑상선 기능 저하예요', '패혈증이에요', '급성 간염이에요' 등을 의미하는 말일 수 있다. 너무나 많은 상황이 가능하기에 난 여전히 진료실에서 가장 어려운 말 중 하나가 "기운이 하나도 없어요"이다.

여기저기 다 불편한 여성 갱년기

폐경이 되면 여자가 아닌가요?

몇 년 전 TV 드라마에서 40대 여성이 임신을 확신하고 남편과 함께 기쁜 마음으로 산부인과 병원을 방문하는 장면을 본 적이 있다. 당시 그 여성은 생리가 없어지고 갑자기 먹고 싶은 음식들이 이것저것 생각나고 더웠다가 추웠다가 하며 감정 기복이 심해져서 임신이라고 혼자 확신했다. 그런데 병원에서 검사를 해본 결과 그 여성은 임신이 아니라 폐경이었다. 그때 그 여자의 절망하던 표정이 지금도 생각난다.

드라마의 그 여성은 임신이 아니라는 것에 대한 실망감과 더불어 폐경이 되었다는 상실감이 꽤 컸다. 이렇듯 폐경은 부정적인 이미지를 일부 갖고 있는 단어다. 하지만 요즘은 인식 변화에 대한 노력으로 인해 '완경'이라는 단어가 쓰이기도 하는 등 예전보다는 폐경에 대한 시선이 조금 달라지고 있는 것 같다.

난소가 노화되면 기능이 저하되어 여성호르몬의 생산이 감소하다 중단되어 결국 생리가 없어진다. 폐경기는 보통 45~55세 사이에 주로 오며 한국 여성의 폐경 연령은 평균 49.4세다.[31] 아직 폐경이 오기에 이른 나이라도 1년 이상 연속해서 생리가 없으면 폐경을 의심해볼 수 있으므로 산부인과에 방문하여 검사를 해 보는 것이 좋다. 만약 4주 간격으로 2회 연속 측정한 난포자극호르몬(FSH)이 40mIU/mL 이상일 경우 폐경이 되었다고 본다.

이런 신호가 오면 폐경을 준비하자

폐경이 가까워지면 생리의 양이 늘거나 줄기도 하고, 생리의 간격이 줄어들거나 늘어나기도 하고, 생리통이 새로 생기거나 없어지기도 하는 등 생리의 양, 간격, 양상이 불규칙해지는 시기가 온다. 이러한 시기가 짧게는 6개월에서 길게는 2~3년 지속된 후에 생리가 완전히 끊기는 폐경이 온다. 이렇게 생리가 불규칙해지면서 가임기에서 폐경기로 넘어가는 수년간의 과도기를 폐경이행기 또는 갱년기라고 부른다.

가끔 환자들이 호소하는 증상을 듣다가 갱년기 증상이라고 설명하면 본인은 아직 생리를 하고 있기 때문에 갱년기가 아니라고 말하는 사람들이 있다. 하지만 갱년기란 폐경된 이후를 의미하는 것이 아니라 과도기를 의미하므로 폐경 전의 기간도 일부 포함된다.

뜨겁고 변덕스러운 갱년기

갱년기 증상은 사람마다 차이가 있지만 다이내믹하다는 면에서는 공통된다. 얼굴이 화끈거린다, 가슴이 두근거린다, 등에서 열이 나는 느낌이다, 더웠다 추웠다 한다, 불안하다, 짜증이 난다, 가슴이 답답하다, 전신이 쑤시고 아프다, 어지럽다, 머리가 맑지 않다, 집중력이 떨어진다, 잠이 안 온다 등 갱년기의 증상이 매우 다양하고 또 복합적이기 때문이다. 또한 환자마다 정도의 차이도 크다. 갱년기 증상을 특별히 느끼지 못하고 지나가는 사람들도 있는 반면 괴로워하는 사람들도 많다. 일부는 갱년기 증상인지도 모른 채 고생하는 경우도 있다.

여성호르몬의 감소는 이러한 증상뿐만 아니라 신체적인 변화를 유발하며 질병 발생과도 관련이 있다. 에스트로겐이 결핍되면 방광 상피세포가 얇아져 빈뇨와 배뇨 곤란, 급박뇨, 방광염 등이 생기기 쉽다. 또한 외음부 상피세포가 얇아져서 질이 위축되기도 하고 질 내부 산성도의 균형이 깨져서 세균 감염이 쉽게 발생할 수 있어 성교통, 질건조증, 질염이 유발된다. 피부에 있던 콜라겐이 빠져나가 피부 노화가 진행된다. 고지혈증에 대해 보호하는 인자로서의 역할을 하던 여성호르몬이 감소하므로 고지혈증이 잘 생긴다. 또한 여성호르몬 감소는 뼈를 만드는 세포인 조골세포 수는 감소시키고 뼈 파괴 세포인 파골세포는 활성화시켜 골감소증, 골다공증을 유발한다.

갱년기는 와야 할 것이 오는 것

이러한 변화들을 읽다 보면 생리를 훨씬 더 나이 들어서까지 오래오래 하고 싶다는 생각이 들 수도 있다. 하지만 생리를 오랜 세월 동안 하는 것이 좋지만은 않다. 여성호르몬에 오랜 기간 노출될수록 여성호르몬 의존성 암인 유방암 및 자궁내막암에 걸릴 확률이 높아진다. 즉, 초경이 빠르고 폐경이 늦고, 출산한 자녀의 수가 적을수록, 모유 수유를 안 할수록 이러한 확률이 높아진다.

위에서 언급한 갱년기 증상들 때문에 힘든 경우에는 여성호르몬 치료를 고려한다. 불편할 정도가 아니라면 굳이 여성호르몬 치료를 할 필요는 없다. 갱년기 증상이 있고 1년 이상 연속해서 생리가 없는 경우에는 호르몬 검사 없이도 여성호르몬제를 처방할 수 있다. 아직 생리는 하는데 갱년기 증상이 있는 경우에는 환자의 나이와 증상, 부인과 초음파 소견, 난포자극호르몬 검사 결과, 호르몬 치료 금기 여부를 종합적으로 판단하여 여성호르몬제 처방 여부를 결정하게 된다.

여성호르몬 치료를 받으면 갱년기 증상 호전 외에 플러스알파 효과도 있다. 골다공증, 직장암 및 대장암의 위험도를 줄여주고 심혈관 보호 효과(단, 만 60세를 넘거나 폐경된 지 10년이 지나서는 여성호르몬 치료를 시작하지 말고 그 전에 시작해야 한다)도 있다.

여성호르몬제에 대한 우려

여성호르몬제 복용 후 나타날 수 있는 문제점들 때문에 갱년기 증상으로 힘든데도 불구하고 약물을 복용하지 않으려고 하는 사람들도 있다. 우선 가장 큰 두려움의 대상은 바로 유방암의 위험성이다. 결론부터 말하면 유방암의 발생 위험도를 증가시킬 수 있다. 하지만 이에 대해 막연한 두려움을 갖기보다는 좀 더 자세히 들여다볼 필요가 있다.

먼저 우리나라 유방암의 역학적 특징에 대해 잠깐 알아보자면, 유방암의 발생 비율이 미국이나 유럽의 3분의 1이다. 또한 특이하게도 미국이나 유럽 국가들은 나이가 들수록 유방암 빈도가 증가하는 데 반해 우리나라는 40대에 유방암 발생이 가장 많고 50대부터는 점차 감소하는 양상을 보인다. 또한 미국이나 유럽은 여성 유방암의 대다수가 폐경 후 발생하지만 우리나라는

폐경 전 유방암의 비율이 약 60%다.[32]

여성 유방암과 유방암 발생의 연관관계에 관한 대규모 연구들이 대부분 미국이나 유럽에서 행해졌기 때문에 이 연구 결과를 우리나라 여성들에게 그대로 적용하기에는 약간의 무리가 있다. 또한 2019년 국민건강보험 일산병원 연구소가 50세 이상 여성 35만 6,160명을 대상으로 한 연구에서는 여성호르몬 치료를 한 그룹에서 호르몬 치료를 하지 않은 그룹에 비해 오히려 유방암 발생 확률이 약 11% 낮다는 결과를 보이기도 했다.

또한 연구 결과들을 보면 유방암 발생에는 여성호르몬 치료의 기간과 시작 나이도 중요하다. 자궁이 있는 여성에게는 대부분 에스트로겐과 프로게스토겐 병합요법을 하는데 이 경우 5년까지는 유방암 위험이 크게 증가하지 않는다.[33] 반면 여성호르몬 치료를 60세 이후에 처음 시작하는 경우에는 유방암 위험이 증가한다. 따라서 갱년기 증상이 있어서 불편하다면 치료를 미루지 않고 시작하기를 권한다.

갱년기 여성호르몬 치료는 다음과 같은 경우에는 하지 않는 것이 좋다.

- 원인 불명의 질 출혈
- 유방암 및 유방암 과거력
- 자궁내막암

- 활동성 혈전 색전증
- 관상동맥 질환
- 뇌졸중
- 급성 간염 또는 담낭 질환

여성호르몬 치료를 시작하면 질 출혈 및 유방 통증이 발생하는 경우도 있다. 하지만 대부분 3개월 내에 호전된다. 증상이 지속되면 원인 검사를 시행하고 결과에서 특별히 문제가 없으면 약제의 종류나 용량 변경을 고려한다.

여성호르몬 치료를 할 경우 다음과 같은 검사를 치료 시작 전 그리고 이후 1~2년마다 시행한다.

- 기본 혈액검사(지질 검사 포함)
- 유방 촬영(위험 요인에 따라 유방초음파도 진행)
- 골밀도 검사
- 자궁경부암 검사
- 자궁 질 초음파 검사

남성도 갱년기 증상이 있다

남성 갱년기는 별거 아닐까?

여성의 갱년기는 매우 익숙한 반면 남성의 갱년기는 아직 생소하게 여기는 사람들이 꽤 있다. 그래서 여성의 갱년기에 비해 남성의 갱년기는 별것 아닌 것으로 취급받기도 하고 예민해서 그런 것이라는 시각도 있다. 젊을 때는 무쇠 같던 남자가 50대가 되어 드라마를 보고 울면 "남자가 청승맞게 왜 그래?"라고 농담 삼아 말하는 상황을 드라마나 현실에서 볼 수 있다.

여성 갱년기와 달리 남성 갱년기는 증상이 서서히 진행되는 경우가 많다. 따라서 남성들은 자신도 모르게 갱년기를 겪게 된다. 여성은 폐경이 가까워짐에 따라 여성호르몬 수치가 급격하게 감소하는 반면, 남성은 30대 중반부터 남성호르몬 분비가 점차적으로 감소한다. 2010년 대한남성과학회가 40대 이상 남성 2,000명을 대상으로 조사한 결과에 따르면 28.4%에서 갱년기 증상을 호소하는 것으로 나타났다.

남성 갱년기 증상은 여성 갱년기처럼 다양하고 여성 갱년기와 유사한 부분도 많다. 성욕이 저하되고 발기부전과 같은 성기능 감소가 생기고, 우울감, 무력감을 느낀다. 얼굴이 붉어지고 열감을 느끼기도 한다. 골밀도가 감소하고 근력이 약해지며, 수면 장애, 기억력 장애를 겪기도 한다. 실제로 내가 진료실에서 만났던 갱년기 남성들은 주로 성기능 감소와 피로 및 무력감을 가장 힘들어했다.

더 마실수록, 더 찔수록 감소한다

남성호르몬 감소에는 노화뿐만 아니라 과음, 흡연, 스트레스, 비만과 고혈압, 당뇨병, 호흡기 질환 등도 영향을 미친다.

남성호르몬이 생성 및 분비되는 데에 가장 중요한 장소는 고환이다. 알코올은 고환에서 남성호르몬 분비를 담당하는 라이디히 세포를 위축시켜서 남성호르몬 분비를 감소시킨다.

스트레스를 받으면 코르티솔(cortisol)이라는 호르몬이 분비되는데, 적당량 이상으로 분비되면 혈압을 높이고 면역반응을 저하시킨다. 스트레스 상황에서 코르티솔 분비가 증가하면 이와 반대로 테스토스테론은 감소한다. 또한 살이 찌면 지방세포에 있는 아로마테이스라는 효소가 테스토스테론을 여성호르몬인 에스트로겐으로 변화시킴에 따라 남성호르몬이 감소한다.

남성 갱년기, 아담에게 묻다

남성 갱년기 진단에는 임상 증상과 혈액 내 호르몬 측정이 기본이다. 갱년기 증상이 있으면서 남성호르몬이 3.5ng/mL 미만일 때 남성 갱년기로 진단하고, 이 중 남성호르몬이 3.0ng/mL 이하인 경우 호르몬 치료를 고려해볼 수 있다. 테스토스테론은 하루 동안 수치의 변동이 있어 오전 중에 가장 높으므로 오전 7~11시 사이에 검사를 받는 것이 좋다.

임상 증상을 평가하는 데는 '아담(ADAM) 설문지'가 가장 널리 쓰인다. 이 설문지는 미국 세인트루이스 의과대학 노인의학과 교수이자 남성 갱년기 분야의 세계적 석학 존 몰리(John E. Morley) 박사가 고안한 것이다. 1번 또는 7번 항목 2개 중 하나라도 '예'라고 대답하거나 10개의 항목 중 3개 이상에 '예'라고 대답하면 갱년기 증상이 있다고 의심해볼 수 있다.

아담 설문지

1. 성욕 감퇴가 있습니까?
2. 기력이 없습니까?
3. 체력이나 지구력 감퇴가 있습니까?
4. 키가 줄었습니까?
5. 삶의 즐거움이 줄었다고 느낀 적이 있습니까?
6. 울적하거나 기분이 언짢으십니까?
7. 발기의 강도가 예전보다 떨어졌습니까?
8. 운동 능력이 최근에 떨어진 것을 느낀 적 있습니까?
9. 저녁 식사 후 바로 잠에 빠져드십니까?
10. 일의 수행 능력이 최근에 떨어졌습니까?

이것은 현재 전 세계에서 남성 갱년기 장애 진단용 설문으로 많이 활용되고 있다.

남성 갱년기 치료는 어떻게 할까?

남성 갱년기 치료의 핵심은 남성호르몬을 보충하는 것인데, 경구약제, 피부에 붙이는 패치제, 근육주사제, 바르는 겔 제제가 있다. 패치제는 흔히 피부 발진 및 가려움을 유발한다. 경구약제는 하루 2회 복용해야 하고 소화불량을 유발할 수 있다. 근육주사제 요법이 비교적 많이 쓰이고 있는데 보통 3~4개월 간격으로 맞는다(3~4주마다 맞는 단기 지속형 주사제도 있다). 젤 형태는 매일 발라야 해서 땀이 잘 나거나 습한 환경에서는 사용하기 어려운 단점이 있다.

근육주사제가 일시적으로 호르몬 수치를 크게 올려 문제가 될 수 있다는 의견도 있다. 하지만 2020년 미국내과학회(ACP) 학회지 《내과학회보(Annals of internal medicine)》에서는 패치형 제제보다 근육주사제를 먼저 고려하라고 언급했다.[34] 그 근거로 근육주사제가 비용이 더 저렴하고 안정성이나 유효성에서 경피형 제제와 다르지 않기 때문이라고 설명했다.

치료만큼이나 중요한 정서적 지지

남성 갱년기 치료를 시작하기 전에 주의할 점은 남성호르몬 치료를 할 경우 전립선 질환이 악화될 수 있다는 것이다. 따라서 치료를 시작하기 전에 전립선 특이항원 검사(PSA)와 전립선 초음파 검사를 시행해 전립선 비대증이나 전립선암 등 전립선의 이상 여부에 대해 미리 확인하는 것이 바람직하다.

심한 전립선 비대증이나 전립선암이 있을 경우에는 남성호르몬 치료를 할 수 없다. 테스토스테론이 단독으로 전립선암을 유발하는 인자는 아니지만 이미 발생한 전립선암 세포의 성장을 도울 수는 있기 때문이다. 또한 전립선 비대증을 악화시킬 수도 있다. 또한 적혈구 증가증을 유발할 수 있으므로 수면무호흡증이 있거나 흡연 등의 이유로 인해 적혈구 숫자가 증가된 사람은 남성호르몬 치료를 하지 않는 것이 좋다. 따라서 테스토스테론 보충 치료를 할 경우 정기적으로 혈액검사와 전립선 초음파를 받는 것이 좋다.

남성호르몬 치료를 받을 때 반드시 알아두어야 할 점은 외부에서 공급된 남성호르몬은 체내 호르몬 균형을 교란시켜서 정자 생성을 억제한다는 것이다. 따라서 아직 2세 계획이 완전히 끝나지 않은 상태라면 2세 계획 문제를 마무리한 이후에 치료를 받는 것이 좋다. 이렇듯 남성호르몬 치료에는 고려해야 할 사항이 많다. 따라서 나는 환자들에게 비뇨기과에서 먼저 상담받은 후에 치료를 결정하라고 권하는 편이다.

남성 갱년기 증상 중 감정적인 변화 역시 큰 비중을 차지하므로 중년기에 접어든 남편 또는 아빠의 변화에 관심을 갖고 봐줘야 한다. 그러한 변화가 관찰되면 단순히 병원 치료만 권유할 것이 아니라 꾸준한 관심과 정서적인 지지를 보여주는 것 역시 증상 호전에 도움이 될 수 있다.

노령층에 치명적인
폐렴의 모든 것

폐렴의 원인균은 많다

2018년 통계청 자료에 따르면 폐렴은 우리나라 사망 원인 3위를 차지한다. 1위가 암(악성종양 전체), 2위가 심장 질환이고, 4위가 뇌혈관질환이다. 대학병원에 입원한 중증 환자들 중 상당수, 특히 고령 환자에게서는 기존 질환 외에도 폐렴이 동반되는 경우가 많다.

폐렴이란 '폐'에 '염증'이 발생하는 감염성 질환이다. 주로 바이러스, 세균 등에 의해 발생한다. 호흡을 하면 공기가 코 또는 입으로 들어와서 폐의 기본 단위인 폐포까지 도달하게 된다. 이렇게 공기가 지나가는 길을 기도라고 부른다. 그 경로는 코(비강)

또는 입(구강)에서 시작해서 인두, 후두, 기관, 기관지, 세기관지를 거쳐 폐포에서 끝난다.

폐에 염증이 생긴 상태가 폐렴이고 폐까지는 염증이 진행되지 않고 전 단계에 염증이 국한되면 발생 부위에 따라 비인두염, 후두염, 기관지염이라고 부른다. 크게 상기도 감염, 하기도 감염으로 나누기도 한다. 여기서 말하는 상기도에는 코, 비강, 인두가 포함되고, 하기도에는 후두, 기관, 기관지, 세기관지, 폐가 포함된다(후두는 상기도나 하기도 모두에 포함될 수 있다). 우리가 흔히 말하는 '감기'가 바로 급성 상기도 감염이다.

폐렴이 고령에서 더 빈번한 이유

폐렴은 고령 환자에서 훨씬 더 많이 발생한다. 그 이유가 뭘까? 폐포에서는 산소와 이산화탄소의 교환이 이루어진다. 그런데 나이가 들면서 폐포의 크기가 감소하면 산소와 이산화탄소 간의 교환이 이루어지는 장소가 좁아지므로 교환이 잘 이루어지지 않는다. 즉, 공기 순환이 잘 안 되는 셈이다. 그러면서 폐 내부로 들어온 세균이나 바이러스가 잘 빠져나가지 못한 채 머무르게 된다.

세균이나 바이러스와 같은 유해한 물질이 기관지 내로 들어오면 호흡하는 데 쓰이는 근육이 반사적으로 작용을 해서 유해한 물질을 몸 밖으로 배출한다. 이러한 과정이 바로 '기침'이다. 그런데 나이가 들면 이러한 일을 하는 근육의 반사 능력이 떨어진다. 따라서 유해물질이 들어와도 기침을 잘 안 하게 되고 가래도 잘 못 뱉는다.

나이가 들면 기도가 건조해지면서 평소에도 기관지에서 발생한 분비물이 잘 쌓여서 가래가 증가한다. 젊을 때는 본인도 모르게 말하고 숨 쉬면서 자연스럽게 분비물이 배출된다. 그런데 나이가 들면서 기도가 건조해짐에 따라 분비물이 찐득찐득해지면서 자연스럽게 배출되지 않고 자꾸만 쌓이게 된다. 또한 기관지에 있는 섬모가 이러한 분비물을 밖으로 밀어내는데(가느다란 빗자루라고 상상해도 좋다) 나이가 들면 섬모의 이러한 작용도 떨어진다.

이런 신체 자체의 변화 말고 기능의 문제도 생긴다. 우리가 흔히 알고 있듯 나이가 들면 면역력이 약해진다. 그래서 예전 같으면 폐렴을 일으킬 만한 균이 내 몸에 들어와도 몸 밖으로 금방 쉽게 배출된다. 하지만 노인은 면역력이 떨어져 있기 때문에 폐렴의 원인균이 몸에 들어오면 폐렴에 쉽게 걸린다.

폐렴을 일으키는 균에는 여러 가지 있는데 이 중 폐구균은 지역사회에서 폐렴을 일으키는 가장 흔한 원인균으로 세균성 폐렴의 원인균 중 27~44%를 차지한다.[35] 성인에게서는 폐구균이 주로 폐렴을 유발하고, 소아에게서는 폐렴 외에 중이염, 부비동염, 패혈증 등도 흔히 유발한다.

폐구균 백신은 모든 폐렴을 예방하는가?

폐렴을 예방하는 데 도움이 되는 백신 2개를 꼽으라면 폐구균 백신과 독감 백신을 들 수 있다. 폐구균 백신은 폐구균으로 인한 감염을 예방한다. 독감 백신은 폐렴 자체를 예방하지는 않으나 고령자에게서는 독감의 합병증으로 폐렴까지 진행되기 쉽다. 따라서 독감 백신은 결과적으로 폐렴을 예방하는 데 일조한다.

폐구균 백신을 접종하러 온 어르신들 대부분은 '폐렴 예방주사'를 맞으러 왔다고 표현한다. 그러다 보니 예방주사를 맞으면 폐렴에 전혀 안 걸리는 것으로 오해하는 분들도 종종 있다. 그럴 때는 이렇게 설명한다.

"폐렴의 원인이 되는 균들은 너무나 많아서 그것을 다 예방하기는 불가능합니다. 다만 여러 균들 중에서도 폐렴을 흔히 일으키는 균이 폐구균입니다. 그리고 그 폐구균 내에서도 수십 가지 종류가 있습니다. 그중 일부 종류의 폐구균에 대한 감염을 예방하는 주사가 바로 폐구균 백신입니다."

흡인성 폐렴을 방지하는 법

폐렴을 일으키는 흔한 경로는 우리 몸 밖에 있던 균이 기도를 통해 체내로 들어와서 폐렴을 일으키는 것이다. 하지만 노인에서는 이것 말고 더 중요한 폐렴의 경로가 있다. 바로 흡인성 폐렴이다. 안의 내용물 같은 이물질이 기관지 및 폐에 들어가서 발생하는 폐렴으로 노인에서 발생하는 지역사회획득폐렴(병원이 아니라 지역사회에서 일상생활하는 중에 발생한 폐렴) 원인의 10~30%를 차지한다.[36]

물론 젊고 건강한 사람에게도 이러한 흡인 과정이 일어날 수 있다. 특히 잠을 자는 동안 발생할 수 있다. 하지만 건강한 성인에게서는 흡인이 일어나도 폐렴으로까지 진행하지 못한다. 이와 달리 노인에서 흡인성 폐렴이 잘 발생하는 이유는 균과 이물질이 체내로 들어와도 잘 배출하지 못하고 면역력이 저하된 데다, 연하작용(음식을 씹어서 삼키는 과정)이 원활하지 않기 때문이다. 그래서 음식물이나 타액 등이 기관지로 들어가도 발작적인 기침을 통해 뱉어내지 못하고 그대로 쌓이는 경우가 많다.

따라서 노인들은 식사할 때 반듯하게 앉는 자세를 취하는 것이 좋다. 또한 과식을 하는 것도 흡인 확률을 높일 수 있으므로 피하는 것이 좋다. 소식으로 인해 배가 많이 고프다면 차라리 소량의 간식을 중간에 먹는 것이 더 좋다. 또한 국이나 찌개 같은 음식을 조금 걸쭉한 상태로 먹는 것도 흡인 확률을 줄일 수 있는 방법이다.

자궁경부암 백신은 남녀 모두에게 필수다

암을 예방하는 유일한 백신

자궁의 입구인 자궁경부에 발생하는 자궁경부암은 세계적으로 여성에서 두 번째로 흔한 암이다. 건강보험심사평가원의 자료에 따르면 2018년 우리나라의 자궁경부암 환자는 6만 2,071명이며 지속적으로 증가하고 있다.

자궁경부암의 주요 원인은 인유두종 바이러스(HPV)다. HPV에 반복적으로 감염되거나 감염이 지속되면 자궁경부암을 유발할 수 있다. 이 HPV에 대한 감염을 예방하는 백신이 흔히 말하는 '자궁경부암 백신'이다. 이 백신은 언론 등에서 많이 언급되어 이제는 보통의 백신 중 하나로 여겨질지 모르지만 사실 이것은 매우 놀라운 백신이다. 대부분의 백신은 '감염을 예방'하기 위한 목적이지만 이 백신의 가장 큰 목적은 '암을 예방'하기 위한 것이기 때문이다. 현재까지 개발된 백신 중에 암을 예방할 수 있는 백신은 자궁경부암 백신이 유일하다.

HPV는 성 접촉을 통해 감염되므로 성별에 상관없이 성생활을 하는 사람이라면 누구나 감염될 수 있다. 따라서 성관계를 어린 나이에 시작할수록, 여러 사람과 성관계를 가질수록 HPV 감염 위험이 높아진다. 감염이 되어도 대부분 증상이 없고 1~2년 내에 바이러스가 자연 소멸되는 경우가 대부분이지만 반복적으로 노출되면 체내에 계속 남아 있는 확률이 높아진다.

HPV는 종류가 100가지 이상으로 매우 많다. 이 모든 종류의 HPV가 암을 유발하는 것은 아니다. 이 중 암을 유발할 수 있는 고위험군 HPV는 대표적으로 16, 18 유전자형이 있으며, 그 외에도 31, 33, 35, 39, 45, 51, 52, 58 등의 유전자형이 있다. 생식기 사마귀 등을 유발하는 저위험군 HPV는 6, 11 유전자형이 대표적이다.

대표적인 자궁경부암 백신으로는 서바릭스(2가 백신)와 가다실(4가 백신), 가다실9(9가 백신)가 있다. 각 백신은 예방할 수 있는 HPV 유전자형의 가짓수에서 차이가 있다. 2가 백신은 2가지의 HPV 유전자형 바이러스를 예방하고 4가 백신은 4가지, 9가 백신은 9가지를 예방한다.

즉, 2가 백신은 유전자형 16, 18을 예방하고, 4가 백신은 유전자형 6, 11, 16, 18을 예방한다. 9가 백신은 유전자형 6, 11, 16, 18, 31, 33, 45, 52, 58을 예방한다.

2020년을 기준으로 병원에서 주로 접종하는 백신은 가다실(4가 백신) 또는 가다실9(9가 백신)이다.

어릴 때 맞을수록 효과가 좋다

그렇다면 자궁경부암 백신은 누가 맞아야 할까? 성 접촉이 있기 전에 맞으면 예방 효과가 훨씬 높기 때문에 성인이 되기 전에 맞으면 더 좋다.

접종 간격과 접종 횟수는 나이에 따라 다르다. 일반적으로 자궁경부암 백신은 총 3회 접종(0, 2, 6개월)을 통해 예방 효과를 볼 수 있다. 최대 만 45세까지만 접종을 권장한다.

자궁경부암 백신은 만 9세부터 접종이 가능하다. 특히 만 9~14세에게서는 총 2회의 접종으로도 예방 효과를 볼 수 있으므로 고학년 초등학생, 중학생 때 접종을 하는 것이 가장 이상적이다.

- 9~14세 : 1차 접종 → 6개월 후 2차 접종
- 15세 이후 : 1차 접종 → 2개월 후 2차 접종 → 4개월 후 3차 접종

성경험이 있어도 맞아야 한다

외래에 20대의 여성과 어머니가 같이 내원했다. 딸이 곧 프랑스로 유학을 떠날 예정이라 그 전에 필요한 백신을 맞히고 싶다는 어머니의 바람으로 내원한 것이었다. 나는 지금 가장 필요한 백신 하나만 고르라고 한다면 자궁경부암 백신을 권하고 싶다고 설명했다. 내가 이렇게 말하자 20대 여성은 어머니에게 짜증을 내며 이렇게 말했다.

"엄마가 성관계 한 적 없는 사람만 자궁경부암 백신을 맞을 수 있다고 했잖아."

이 상황을 보면서 젊은 사람들조차 성경험이 있는 사람은 자궁경부암 백신이 전혀 효과가 없다고 오해하고 있다는 것을 깨달았다. 물론 성 접촉이 없는 상태에서 접종을 하는 것보다 백신의 예방 효과는 떨어지나 여전히 자궁경부암에 대한 예방 효과는 있다. HPV에 감염되어도 대부분은 감염 상태가 평생 동안 지속되는 것이 아니다. 또한 성 접촉이 있는 사람이라고 해도 모든 종류의 고위험군 HPV에 노출되었을 가능성은 낮다. 따라서 젊은 여성이라면 성경험 여부와 상관없이 자궁경부암 백신을 접종하기 바란다.

남자들도 꼭 맞는 것이 좋다

나는 개인적으로 '자궁경부암 백신'이라는 이름을 좋아하지 않는다. 이름이 백신의 역할을 한정한다고 할까? '자궁경부암 백신'이라고 불리니 남성들은 자신들과 전혀 상관없는 백신이라고 여기는 경우가 많다. 남자는 자궁이 없으니 자궁경부암에 걸리지 않을 것이고 그러니 자연히 자궁경부암 백신을 맞을 필요가 없다고 생각하기 쉽다.

하지만 이 백신은 자궁경부암뿐만 아니라 질암, 외음부암, 생식기 사마귀, 항문암, 두경부암 등의 예방에도 효과를 나타낸다. 따라서 남성이 맞으면 본인의 생식기 사마귀, 항문암, 두경부암 등의 예방에 도움이 되고 본인의 연인 또는 배우자를 HPV 감염으로부터 보호해 자궁경부암 등의 발생 확률을 낮추는 효과도 볼 수 있다.

요즘은 10~30대 남성들 중에도 자궁경부암 백신을 맞으러 내원하는 사람들이 늘어나고 있다. 예전과는 많이 달라진 모습이다. 여전히 남아 있는 '남자가 자궁경부암 백신을 왜 맞아?'라는 편견을 뚫고서 올바른 의학 지식에 근거해 본인과 현재 또는 미래의 연인 및 배우자를 위해 병원까지 온 그 결심이 대단하다는 생각이 든다.

그런가 하면 진료실에서 정반대의 사례를 만난 적도 있다. 자궁경부암 백신을 맞으러 온 20대 여성이 진료를 기다리는 동안 같이 온 남자친구에게도 맞으면 좋겠다고 권하는 모습을 본 적이 있다. 그런데 남자친구가 여자들만 맞는 자궁경부암 백신을 왜 자신이 맞아야 하느냐며 단칼에 거절했고 그 여성의 얼굴에는 섭섭함이 스쳤다.

난임, 이 정도는 알아두자

어떤 때 난임이라고 하는가?

건강보험심사평가원의 국민관심질병통계에 따르면 난임 환자 수는 2017년 20만 8,704명에서 2018년 22만 9,460명, 2019년에는 23만 802명으로 점차 늘어나는 추세다. 세계보건기구(WHO)의 정의에 따르면 난임이란 가임기의 남성과 여성이 피임 없이 1년 이상 정상적인 성관계를 했음에도 불구하고 임신이 되지 않은 상태로 정의한다. 단, 35세 이상에서는 정상적인 성관계에도 6개월 이상 임신이 되지 않은 경우를 난임이라고 정의한다.

한국보건사회연구원이 발표한 '2018년 전국 출산력 및 가족보건·복지 실태조사'에 따르면 15~49세 기혼 여성 1만 625명을 대상으로 조사한 결과 피임을 하지 않았음에도 불구하고 1년 이상 임신이 되지 않은 비율이 12.1%로 나타났다.[37] 예전에는 불임이라는 용어를 많이 썼는데, 부정적 어감이 강해 최근에는 난임이라는 용어를 많이 쓰고 있다. 당장 내 주변에도 난임으로 힘들어하는 부부들이 여러 쌍 있는 것을 보아 난임은 정말 가까이 있는 문제라는 생각이 든다.

나도 일하는 여성으로서 너무나 안타깝지만 임신에서는 모체가 될 여성의 나이가 매우 중요하다. 여성의 가임력은 25세 때 정점을 찍고 그 이후 점점 떨어지는데, 특히 만 35세가 지나면 가임력이 절반 가까이 감소한다.

여성은 태어날 때 이미 정해진 개수의 미성숙 난포세포(이후 성숙해서 난자가 된다)를 갖고 태어난다. 이 세포의 수는 평생 증가하지 않고 나이가 들면 그 수가 오히려 감소한다. 나이가 들어서 임신을 할수록 오랜 겨울잠을 자다 깨어난 난자가 쓰이게 되는 셈이다. 게다가 우리 몸은 노화가 되면 세포분열 시에 염색체 분열에 문제가 더 잘 생기기 때문에 비정상 염색체를 가진 난자가 만들어질 확률이 높아진다.

그렇다면 임신에는 여자의 나이만 중요하고 남자의 나이는 상관없는 것일까? 정자 역시 난자와 마찬가지로 나이가 들수록 건강한 정자의 수가 감소한다. 하지만 한 달에 1개만 배란되는 난자에 비해 한 번의 성관계에서 배출되는 정자의 수는 비교할 수 없을 만큼 많다. 비정상적인 정자도 많지만 정상적인 정자의 개수 또한 많은 것이다. 또한 난자와 달리 정자는 매일 새로 만들어진다. 따라서 임신에서 여성의 나이에 대한 중요성이 더 자주 언급되는 것이다.

가끔 오랫동안 경구 피임약을 먹으면 임신이 잘 안 될 수 있다는 말을 하는 사람들이 있다. 그런데 경구 피임약은 장기간 복용해도 이후의 임신에 별다른 영향을 주지 않는다. 하지만 경구 피임약을 '오랫동안' 먹었다는 것 자체가 이미 세월이 몇 년 흘렀다는 것을 의미한다. 가임력이 그만큼 감소하는 것은 사실이다.

인공수정과 시험관 시술은 대표적인 난임 시술

난임 시술은 대표적으로 '인공수정'과 '시험관 시술(공식적으로는 체외수정이라고 칭한다)'이 있다. 두 시술 모두 난포를 키우기 위해 호르몬 주사를 배에 맞는다는 점에서는 동일하다. 다만 인공수정 시에는 1~2개의 난포가 자랄 수 있도록 '배란 유도'만 하는 반면, 시험관 시술 시에는 동시에 여러 개의 난포를 키우기 위해 '과배란 유도'를 하므로 더 높은 용량의 호르몬 주사를 맞는다. 인공수정은 남성으로부터 채취한 정자들을 배란 시기에 맞춰 자궁 내로 직접 주입하는 것이다. 이후의 과정은 일반적인 임신과 같다. 1회당 임신 성공률은 시험관 시술에 비해 낮지만 투여되는 호르몬 제제의 용량도 적고 시술이 비교적 간단하다는 장점이 있다.

시험관 시술은 과배란이 유도된 다음에 수면마취를 하고 긴 바늘을 질 내로 삽입해 난소에서 난자들을 채취한다. 이렇게 채취된 난자와 남성으로부터 채취된 정자를 자궁 안이 아닌 배양실에서 수정시켜 배아를 만들고 이 배아를 자궁 내에 착상시킨다. 시험관 아기 또는 체외수정이라고 불리기도 한다. 정리하자면 인공수정은 '정자'를 자궁 내에 넣어주는 것이고 시험관 시술은 수정된 '배아'를 자궁 내에 넣어주는 것이다.

난소에도 나이가 있다?

난임이 사회적 이슈가 되면서 많이 언급되는 말 중 하나가 '난소 나이'다. 일반인들이 말하는 '난소 나이'는 혈액 내 항뮬러관 호르몬(AMH, Anti-Müllerian Hormone)의 수치를 측정해 파악한다.

난임 클리닉을 방문했을 때 난포자극호르몬(FSH), 황체호르몬(LH), 갑상선 기능검사(TSH, free T4)와 함께 기본적으로 하는 호르몬 검사 중 하나이며, 이 검사로 남아 있는 난소 기능을 파악한다. 생리주기나 공복 여부에 상관없이 검사할 수 있다. 아직 배란되기 전 상태인 난자들이 많을수록 이 수치가 높아진다. 따라서 남아 있는 난자들의 양을 대략적으로 파악할 수 있다. 만 25세

쯤에 최고치에 이르고 이후 점차 감소하며 폐경 이후에는 거의 검출되지 않는다.

하지만 이 호르몬의 수치가 높다고 해서 무조건 난소 기능이 이와 비례해 좋다고 판단하는 것은 아니다. 적어도 난소 기능이 감소하지는 않았다는 정도로 이해할 수 있다. 또한 높다고 좋아할 수만은 없는 이유가 있는데, 다낭성난소증후군에서도 높아지기 때문이다. 항뮬러관호르몬 검사 결과가 일정 수치 이상일 경우에는 다낭성난소증후군을 의심해볼 필요가 있다.

난자도 냉동하는 시대

난소 기능이 난임 치료에 중요한 요인이다 보니 난자 동결이라는 시술도 있다. 특히 30대 중후반 여성 연예인들이 방송에 나와 일명 '냉동 난자'를 언급하면서 일반인들에게도 많이 알려졌다. 난자 냉동이란 과배란 주사를 며칠에 걸쳐 맞은 후 병원에 방문해 난자 채취 시술을 시행해서 난자를 몸 밖으로 꺼낸 후 이를 냉동 보존하는 것을 말한다. 이렇게 냉동 보관한 난자는 나중에 필요할 때 해동해서 사용한다.

예전에는 항암치료를 앞둔 젊은 사람들이 이후 난소 기능을 상실할 것을 대비해 난자를 동결하는 경우가 많았지만 최근에는 가임력을 보존하고 싶은 건강한 여성들의 비율이 늘어나고 있다. 난자 동결을 할 것이라면 늦어도 30대 중반까지는 할 것을 권하고 싶다. 난소 기능은 만 35~37세 이후로 급격히 감소하기 때문이다.

하지만 중요한 것은 난자를 동결해놓았다고 해서 미래의 임신에 대해 안심해도 되는 것은 아니라는 점이다. 난자를 해동하는 과정에서, 정자와 수정되는 과정에서, 배아로 자라나는 과정에서 문제가 발생할 수 있기 때문이다. 따라서 '난자를 여러 개 얼려놓았으니 나이가 들어도 난임에 대한 걱정이 없다'고 생각하기보다는 '하나의 옵션을 갖고 있다'고 생각하는 것이 더 맞을 것이다.

생명의 마지막 끈, 장기이식

장기이식의 정의

'의학의 꽃'이라고도 불리는 장기이식은 드라마에 자주 등장하는 소재다. 아마도 이식 전후에 환자의 상태가 드라마틱하게 변하기 때문인 것 같다. 일반적으로 말하는 장기이식이란 질병이나 사고로 인해 특정 장기가 본래의 기능이 떨어지거나 상실했을 때 이를 대체하기 위해 타인의 장기를 옮겨 넣어 그 기능을 회복시키는 의료 행위를 말한다(넓은 의미의 장기이식은 자가 피부 이식과 같은 자가이식, 사람이 아닌 다른 종의 장기를 이식하는 이종이식 등도 포함하지만, 여기서는 서로 다른 사람 간에 일어나는 동종이식에 대해 이야기하겠다).

다른 사람에게 나의 장기를 기증하는 사람을 공여자(donor)

라고 칭하고 다른 사람으로부터 장기를 받는 사람을 수혜자(recipient)라고 부른다. 장기이식이 성공하기 위해서는 공여자의 장기와 수혜자의 혈관이 잘 이어질 수 있게 하는 수술 기술과 수술 후 거부 반응이 일어나지 않도록 하는 면역 억제 기술이 중요하다.

이식이 가능한 장기

뇌사자의 기증에 의한 이식은 간, 신장, 췌장(또는 췌도), 소장, 각막, 폐, 심장, 심장 판막, 연골, 혈관 등에 대해 가능하다. 사후 기증에 의한 이식의 경우 각막, 심장판막, 연골, 혈관, 뼈, 피부 등에 대해 가능하다. 또한 살아 있는 사람의 장기를 다른 사람에게 이식하는 생체이식(부부간, 직계가족, 형제자매, 4촌 이내의 사촌, 타인)은 현재 간, 신장, 골수, 췌장(또는 췌도), 소장, 폐가 있다.

이 중 췌장(또는 췌도)은 기증 후에 공여자에게 당뇨가 발생할 확률이 매우 높아진다는 문제점이 있다. 소장은 이식 후에 면역 반응이 강하고 그 내부에 존재하는 대변으로 인해 감염의 위험이 높다. 폐는 다른 장기에 비해 손상을 입기가 매우 쉬우므로 이식 과정 자체가 어렵다. 따라서 뇌사자이식과 생체이식이 모두 가능하며 이식 수술 후 공여자의 후유증이 적고 수술 기술 면에서도 많이 발달한 장기는 간과 신장이다.

대표적인 이식 장기인 신장과 간의 특성

신장이식은 말기 신부전 환자에서 시행하며 말기 신부전이 나타나는 대표적인 원인 질환으로는 고혈압, 당뇨병, 만성 사구체 신염 등이 있다. 신장은 같은 장기가 2개라는 점이 이식에서 매우 유리한 점이다. 하지만 신장이식을 받으면 평생 쓸 수 있다고 안심하는 것은 위험한 태도다. 이식된 신장의 5년 생존률은 80~90% 이상, 10년 생존율은 60~80% 이상이다(조직 적합성, 혈연 관계 여부, 이식을 시행한 병원에 따라 이식 시 생존율의 차이가 있다). 환자에 따라서는 이식받은 후 20~30년간 잘 지내는 경우도 있으나 꽤 많은 환자들이 신장이식을 받은 지 10~15년 후 신장 기능이 많이 감소해 신장이식을 다시 받거나 투석을 해야 하는 경우가 발생한다.

간이식은 진행된 간경변, 간암, 간부전 등에서 시행한다. 간은 몸에서 가장 큰 단일 장기(체중의 약 2% 차지)이자, 일부를 잘라낸 후에도 다시 자란다는 점이 매우 매력적인 장기다. 따라서 다른 장기이식에 비해 공여자의 신체적 부담이 적은 편이다.

간은 전체 부피의 최대 70~75%까지 절제할 수 있고, 한 달 이내에 우리 몸에서 필요한 수준의 부피와 기능으로 회복되며, 6개월 이내에 원래 크기의 100%에 가깝게 회복된다. 간은 좌엽과 우엽으로 나뉘어 있는데 좌엽과 우엽의 크기 비율은 약 3 : 7 이므로 주로 공여자의 우엽을 기증한다. 단, 공여자의 건강이 최

우선이므로 기증하고 남은 간이 전체의 30~35% 이상이어야 한다. 또한 수혜자의 경우 이식받을 간이 수혜자 몸무게의 0.8~1% 이상을 만족해야 한다.

장기이식에서 중요하게 고려해야 할 요소 중 하나가 조직 적합성이다. 간은 신장에 비해 면역학적으로 덜 민감하기 때문에 조직 적합성을 맞추지 않아도 이식이 가능하다. 그래서 전통적으로는 간이식에서는 혈액형과 간의 크기가 중요한 요소였다. 하지만 수술 전 처치(혈장 교환술, 면역 글로불린, 리툭시맵 투여 등)와 수술 후 복용하는 면역억제제 발달 등으로 최근에는 혈액형이 맞지 않아도 간이식이 가능하며, 혈액형이나 조직 적합성이 맞지 않아도 신장이식이 가능하다.

장기이식에서 중요한 또 하나, 공여자의 심리 상태

장기이식에서 이론적인 부분 외에 중요한 것이 하나 더 있다. 그것은 바로 공여자의 심리 상태다. 공여자는 장기 기증 전에 다양한 검사를 받는데 그중 공여자 심리상담도 있다. 심리상담에는 여러 내용이 포함되어 있지만 그중에서도 '공여자의 기증 의사가 자발적인 것이 맞는지 확인'하는 것이 꼭 필요하다. 가족 중 한 사람이 장기이식이 필요할 경우 다른 가족 구성원이 받는 심리적 압박감은 생각보다 크다.

최근에 인기를 끌었던 의학 드라마 〈슬기로운 의사생활〉에서도 이와 관련된 사례가 있었다. 30~40대 남자가 간이식이 필요하게 되었는데 남편의 가족들은 모두 본인이 공여자가 되기 어려운 이유를 이것저것 대며 며느리가 해야 한다고 몰아갔다. 그리고 그 여자는 이식에 대해 큰 심리적 부담감을 느끼며 남편에게 이식을 해주고 싶지 않다고 의사에게 울면서 말했다. 그 장면을 보며 마음이 많이 아팠다. 내가 예전에 보았던 환자가 떠올랐기 때문이다.

공여자의 인간적 갈등

전공의 2년 차 때 담당했던 환자 중에 A형 간염에 의해 간부전까지 발생한 30대 남자가 있었다. 환자는 미혼이었고 결혼한 형이 한 명 있었는데 형의 부인과 처가 식구들이 형의 간 기증을 원치 않았다. 그래서 형은 동생에게 간을 이식할지 여부를 며칠 동안 갈등했다. 환자의 상태는 점점 나빠져서 결국 중환자실로 이실되었다. 의식도 떨어져서 나중에는 의사소통도 잘 안 되는 상태가 되던 날, 형이 이식 수술을 하겠다고 연락이 왔다.

그 연락이 얼마나 반가웠는지 모른다. 급히 외과에 연락해 간이식 수술 일정을 논의하기 시작했다. 그런데 형의 연락으로부터 2~3시간쯤 지났을까, 이식 코디네이터로부터 연락이 왔다.

뇌사자가 발생했고 우리 환자가 1순위라서 간을 받을 수 있을 것 같다는 것이었다. 그 소식을 듣는 순간 눈물이 찔끔 나올 만큼 기뻤다. 방도가 없이 점점 나빠져만 가는 환자와 기증 여부를 갈등하는 형을 보면서 이런 상황 자체가 그들에게 참 잔인하다는 생각이 들었는데, 그 모든 것이 한 번에 해결된 것이었다. 그 환자의 얼굴은 아직도 어렴풋이 기억이 난다.

가족 간에도 강요해서는 안 되는 장기 기증

전공의 1년 차 때 주치의를 맡은 환자 중 오래 기억에 남는 환자가 한 명 더 있다. 50대 여성이었는데 2~3년 전에 백혈병을 진단받고 딸이 기증한 골수를 이식받은 후 치료 경과가 좋아 비교적 잘 지내고 있는 환자였다. 그런데 2~3년 후 만성 B형 간염에 의한 간부전이 발생해 간이식 말고는 방법이 없는 위중한 상태가 되었다. 그 환자는 딸이 여러 명이었는데 모두 다 결혼한 상태였다. 골수를 기증했던 딸 역시 남편과 아이가 있었다.

의학적으로만 생각한다면 여러 자녀 중에서도 골수를 기증한 딸의 간을 이식하면 다른 자녀의 간에 비해 면역 거부반응을 최소화할 수 있기 때문에 매우 이상적이었다. 하지만 남편과 시댁 식구들이 골수 기증에 이어 간 기증까지는 안 된다고 반대했고(남편 쪽 가족 입장에서는 환자의 자녀가 여러 명이었기에 더욱 그랬던 것 같

다) 결국 그 딸은 엄마가 나빠지는 과정을 지켜볼 수밖에 없는 힘든 시간을 보냈다.

그리고 끝내 그 환자에게는 뇌사자 장기이식의 기회가 오지 않았고 몇 주 후 환자는 사망했다. 그때 그 딸이 정말 많이 울던 기억이 난다. 그 상황을 지켜본 나도 가슴이 정말 많이 아팠다. 환자가 사망하기 전 며칠간의 시간은 그 모녀에게 인생에서 가장 괴로운 시간이 아니었을까.

대상포진, 빨리 감지하는 것이 중요하다

때로는 의사도 진단하기 어려운 병

다른 내과 친구에게 전해 들은 이야기다. 예전에 어떤 감염내과 교수님이 2일 전부터 사타구니 주변이 좀 아팠는데 그러려니 하고 참았다고 한다. 그런데 통증이 점점 심해져서 3일째 되던 날에는 근무에 지장을 받을 정도였다. 그날 오후 진료가 끝날 때쯤 마지막 환자가 들어왔는데 환자의 증상과 피부 병변을 보니 대상포진이었다고 한다. 대상포진이라고 환자에게 설명하고 환자가 진료실 밖을 나설 때 그 교수님이 깨달았다고 한다.

'아, 나도 대상포진이구나.'

대상포진은 대부분의 성인들이 알 만큼 유명한 질환이지만 초기에는 피부 병변이 나타나지 않거나 나타나도 전형적인 양상이 아닐 때도 있어서 이처럼 진단이 어렵기도 하다. 그래서 대상포진은 가장 마지막에 진료하는 의사가 명의라는 말도 있다. 초반에는 감기몸살처럼 느껴지기도 하고 통증은 있지만 아직 통증 부위에 수포(물집이라고도 칭함)가 없어서 진단이 안 되는 경우도 있기 때문이다.

대상포진 치료는 빠를수록 좋다

건강보험심사평가원 통계에 따르면 2019년에 총 74만 4,516명이 대상포진으로 치료를 받았다고 한다. 대상포진이란 띠(대)를 두른 듯한 모양(상)의 수포(포진)라는 뜻이다. 대상포진은 헤르페스 바이러스의 일종인 수두-대상포진 바이러스가 신경절에 잠복해 있다가 면역력이 약해졌을 때 활성화되면서 발생한다.

초반에는 감기몸살같이 발열이나 오한이 있기도 하고, 추후 수포가 발생할 부위에 쿡쿡 쑤시는 듯한 통증을 호소하는 경우가 흔하다. 이렇게 통증이 발생하는 이유는 수두-대상포진 바이러스가 수포를 만드는 과정에서 신경을 손상시키기 때문이다. 보통 이렇게 통증이 먼저 발생하고 3~5일 후에 주위 피부 신경절을 따라 수포가 생긴다. 신경절을 따라서 수포가 생기기 때문에 몸의 한쪽에만 띠를 두르듯이 발생한다.

수포가 생긴 지 1~2주가 지나면 그 위에 딱지가 생긴다. 그리고 딱지가 생긴 지 2주 이내에 딱지가 없어진다. 수포가 생긴 시점으로부터 2~3주가 지나면 통증도 대부분 없어진다. 하지만 수포가 없어진 후에도 통증이 지속되거나 다시 발생하기도 한다. 치료의 기본은 항바이러스제와 통증을 조절하는 약인데 수포가 발생한 지 72시간 내에 항바이러스제를 투여하는 것이 가장 효과적이므로 대상포진이 의심된다면 병원을 서둘러 가는 것이 좋다.

물집이 '무리를 이루는 것'

대상포진 백신을 맞으러 온 환자에게 예전에 대상포진에 걸린 적이 있는지 물어보면 가끔 '걸린 적이 있는 것 같다'고 애매한 답변을 하는 경우가 있다. 이럴 때는 그 당시 병의 양상을 자세히 물어본다. 먼저 '통증 없이 피부에 2~3개 빨간 것이 올라왔었다'는 말을 자주 듣는데 이런 경우 대상포진보다는 단순포진이었을 가능성이 높다. 대상포진은 2~3개의 수포만 올라오는 경우는 거의 없으며 대부분 통증이 동반된다. 일반적으로 수포가 무리를 이루어 여러 개가 나타난다. 예전에 '대상포진이 양쪽 손목에 났었다'고 말하는 분도 보았는데 일반적인 대상포진은 몸의 한쪽 신경절에서만 띠를 두르듯이 발생하므로 '양쪽', '손목에

만' 병변이 있는 경우는 대상포진이 아니었을 가능성이 높다.

대상포진의 가장 흔한 합병증, 신경통

대상포진은 합병증을 유발할 수 있다. 특히 젊은 층에 비해 중년층에서 합병증이 더 빈번하게 발생한다. 가장 흔한 합병증은 '대상포진 후 신경통'인데, 이는 대상포진으로 인한 수포가 다 사라진 후에도 지속되는 만성적인 통증이다.

피부에 수포가 발생한 시점부터 3개월 이상 병변 부위의 통증이 지속되는 경우를 대상포진 후 신경통이라고 지칭하는데, 최근에는 수포가 발생하고 나서 1개월이 지난 후에도 통증이 지속되는 경우로 정의하는 추세다. 일반적인 진통제, 삼환계 항우울제, 항경련제 등의 경구약으로 통증 조절을 먼저 해보고 그래도 조절이 안 되는 경우 신경차단술 등의 시술을 하기도 한다.

대상포진 백신 접종 대상

대한감염학회에서는 금기가 없는 60세 이상의 성인에서 대상포진 백신을 1회 접종하도록 권고하고 있다. 50~59세는 각각의 상태에 따라 접종 여부를 결정하도록 제시하고 있다. 대상포진 백신은 과거 수두에 걸렸거나 수두 백신을 접종했어도 관계없이 접종한다.

대상포진에 대한 예방률은 50대에 맞으면 69.8%, 60대 이상에서 맞으면 51.3%다.[38 39] 모든 백신이 그러하듯 대상포진 백신을 맞아도 대상포진에 걸릴 수 있지만 걸리더라도 통증이 덜하고, 대상포진 후 신경통 발생률을 67% 감소시킬 수 있다.[40]

대상포진 백신은 접종 후 5~10년이 지나면 예방 효과가 크게 감소한다. 이러한 설명을 하면 환자들이 나중에 다시 맞아야 하는지 묻는다. 하지만 대상포진 백신은 현재까지는 1회 접종이 원칙이다. 추후에 재접종 근거에 대한 연구 결과가 나오면 재접종에 대한 권고가 나올 가능성도 있지만 현재까지는 권고하지 않는다. 특이한 점은 대상포진이 이미 걸렸던 사람도 백신을 맞을 수 있다는 것이다. 일반적으로 대상포진 치료 후 6~12개월 이후에 접종이 가능하다.

대상포진 백신은 생백신이기 때문에 면역저하자에게는 함부로 접종하면 안 된다. 예를 들어 백혈병과 같은 혈액암 환자, 고형암에 대해 항암치료 중인 환자, 장기이식을 받아서 지속적으로 면역억제제를 먹는 환자 등은 대상포진 백신 접종의 금기에 해당한다(암이 완치된 이후에는 일정 시간 경과 후 접종이 가능하므로 의사와 상의하는 것이 좋다).

대상포진 환자의 수포가 터져 진물이 흐르면 이 진물을 통해 다른 사람에게 수두를 전염시킬 수 있다. 그러나 수두를 앓은 적이 있거나 수두 예방접종을 받은 사람에게는 전염되지 않는다. 대상포진이 폐결핵처럼 공기감염도 가능한 경우가 있지만 대다수의 환자에게는 해당하지 않는다(범발성 대상포진의 경우 공기 감염이 가능한데 정상적인 면역 상태의 환자에서는 흔하지 않고 백혈병, 장기이식 환자 등 면역저하자에게서 주로 나타난다).

가슴이 자주 두근거릴 때
의심해봐야 할 것

가슴 두근거림의 진단

외래에 있으면 가슴이 두근거린다고 호소하는 환자가 한 달에 한두 명쯤은 진료를 받으러 온다. 가슴이 두근거리는 증상으로 온 환자들을 볼 때면 나는 심리적 부담감을 느끼는데, 진료실에서 바로 진단하기가 쉽지 않아서다.

진단하기 어려운 가장 큰 이유는 현재 두근거리는 상태로 진료실에 오는 경우가 거의 없기 때문이다. 두근거림으로 온 환자를 외래에서 진단할 때는 '지금 두근거리는지'가 중요하다. 하지만 대다수의 환자들이 '가끔 두근거린다'고 호소한다. 만약 지금 두근거린다고 한다면 절반 이상은 해결된 셈이다. 두근거리고 있는 상태라면 바로 심전도를 찍어서 지금 맥박이 어떠한지 직접 확인할 수 있기 때문이다.

'두근거림'은 맥박이 빠를 때, 즉 빈맥일 때 환자들이 주로 호소하는 증상이다. 정상 맥박은 분당 60~100회이므로 분당 100회 이상일 때를 빈맥이라고 정의한다. 가슴이 두근거린다는 환자는 기본 심전도를 찍고 빈맥을 유발하는 원인이 있는지 확인해야 한다. 대표적으로 커피, 술, 담배, 불안, 공황장애, 운동, 빈혈, 발열, 탈수, 갑상선기능항진증, 전해질 이상, 체위 변화, 갱년기, 생리전증후군, 약물 등이 있다. 이는 문진 또는 혈액검사를 통해 어느 정도 파악할 수 있다. 또한 경우에 따라서는 심장의 구조적 문제는 없는지 심초음파를 통해 확인할 수 있다. 이러한 과정을 통해 의심되는 원인을 찾으면 우선 그 원인을 해결하거나 피하는 방법부터 시도해본다.

현재 가슴이 두근거리는 경우가 아니라면 정확한 평가를 위한 다른 추가 검사도 있다. 일주일에도 증상이 여러 번 발생하는 경우에는 24시간 심전도(홀터) 검사를, 2~3주에 한 번 정도일 때는 사건 기록 심전도(Event recorder, 2~4주 동안 대여해서 휴대용으로 갖고 다니다가 증상이 있을 때 간이 심전도를 촬영할 수 있는 기계) 검사를 고려할 수 있다(그 외에도 이식형 심전도 모니터 또는 전기생리학적 검사도 있다). 다만 이러한 기계는 일반 내과 진료실에는 없기 때문에 이러한 검사가 필요하다고 생각되면 환자에게 순환기 내과 진료를 보라고 설명한다.

빈맥의 종류

그렇다면 빈맥에는 어떠한 종류들이 있을까?(여기서부터는 비교적 복잡한 내용이므로 넘어가도 좋다) 우선 심장의 전류 신호는 정상인데 심박수만 빨라진 동성빈맥과 심장의 전류 신호에 문제가 생긴 부정맥으로 나눠서 생각해볼 수 있다. 여기서는 비교적 자주 접할 수 있는 3가지를 소개하고자 한다. 우선 가장 흔한 빈맥인 동성빈맥이다. 그리고 빠른 부정맥 중 대표적인 예로 (빠른 심실 반응을 동반한) 심방세동과 발작성 상심실성 빈맥이 있다.

심장에는 방이 총 4개 있다. 심장의 윗부분에 있는 2개의 방은 심방(좌심방과 우심방), 아랫부분에 있는 2개의 방은 심실(좌심실과 우심실)이라고 부른다. 이 중 우심방에는 전기를 발생시키는 장소인 동방결절이 있다. 동방결절에서 발생된 전류는 방실결절로 전달된다. 전류는 방실결절에서 잠시 머물렀다가 히스속(전류를 전달하는 섬유 다발)을 따라 심실까지 전달된다.

동성빈맥은 위의 경로처럼 동방결절에서 발생된 전류가 정상적인 경로를 따라 심실까지 전달되어 발생하는데, 다만 그 속도가 빠르다. 따라서 심박수가 규칙적으로 1분에 100회를 넘게 된다. 달리기를 한 직후 또는 시험을 앞두고 긴장할 때 가슴이 두근거리는 상황을 예로 들 수 있다. 하지만 이와 같은 동성빈맥이 아무런 이유 없이 발생하는 경우도 있다. 이럴 때는 부적절 동성빈맥이라고 한다. 환자는 가슴이 두근거리는 것이 불편하다고 호소하지만 부적절 동성빈맥만 있는 것은 대부분 임상적으로는 큰 문제가 없다.

심장이 파르르 떠는 심방세동

두 번째는 심방세동이다. 심방세동은 임상적으로 의미가 있는 부정맥 중 가장 흔한 것이다. 심방세동이란 글자 그대로 심방이 가늘게 움직인다는 뜻인데 심방이 정상적으로 박동하지 않고 불규칙하게 파르르 떨고 있는 상태라고 생각하면 된다.

심장 전류 신호는 동방결절에서 시작하는 것이 정상인데, 심방세동에서는 동방결절 외에 심방의 여러 부위에서 전류 신호가 발생한다. 따라서 심방 안의 피가 심실로 충분히 전달되지 못하고 심방 안에 혈액이 자꾸 고이게 된다. 이렇게 고인 혈액은 뭉쳐져 굳으면서 혈전을 잘 만들고 이 혈전은 심장에서 떨어져 나가 다른 조직의 혈관들을 막을 수 있다. 가장 대표적인 예로는 뇌혈관을 막아서 뇌경색이 발생하는 것이다. 심방세동 환자에서 뇌경색 발생 가능성은 일반인에 비해 5배 정도 높다. 뇌경색은 심방세동의 가장 중요한 합병증이므로 심방세동 환자에서 뇌경색의 예방 및 치료가 중요하다.

심방세동 환자들은 심방이 파르르 떨고 있지만 심실까지 전류 신호가 전달되는 경우는 그중 일부이므로 대부분 맥박이 100회 미만으로 유지된다. 하지만 때에 따라서는 (특히 수술 후나 감염 등의 이유로 전신 컨디션이 저하되었을 때) 심방의 전류 신호 중 많은 부분이 심실까지 전달되어 맥박이 빨라지기도 한다. 이를 '빠른 심실 반응을 동반한 심방세동'이라고 칭한다. 가슴 통증, 어지럼증, 호흡곤란 등이 동반될 수 있다. 치료 방법으로는 주사 약물 치료 또는 전기적 동율동 전환 등이 있다.

발작성 상심실성 빈맥

세 번째는 발작성 상심실성 빈맥(Paroxysmal Supraventricular Tachycardia, PSVT)이다. 방실결절 내에 또는 심방과 심실 사이에 정상적인 전도로 외에 비정상적인 전도로가 있을 때 발작성 상심실성 빈맥이 발생할 수 있다. 현기증, 가슴 답답함 등이 동반되곤 한다. 갑자기 시작했다가 갑자기 없어지기 때문에 이 당시 심전도를 찍지 않으면 진단에 어려움을 겪기 쉽다.

다만 환자와의 문진을 통해 발작성 상심실성 빈맥이 강력히 의심된다면 심장 전기생리검사를 하기도 한다. 이 검사를 통해 빈맥을 유발하여 진단함과 동시에 고주파 전극도자절제술을 통해 비정상적으로 전류가 흐르는 길을 절제할 수도 있다.

응급치료로는 맥박을 정상으로 돌려놓기 위한 약물 투여가 필요하다. 바로 응급실을 갈 수 없는 상황에서는 미주신경을 자극하는 방법들을 시도해볼 수 있다. 예를 들어 무거운 물건을 들 때처럼 숨을 깊이 들이마시고 꾹 참는 방법 또는 경동맥 압박 등이다. 근본적인 치료를 원한다면 앞서 말한 고주파 전극도자절제술을 생각해볼 수 있다.

어릴 때 살은 다 키로 가는 것이다?

잘 먹는 것과 많이 먹는 것은 다르다

"잘 먹어야 키가 크지. 어릴 때 찐 살은 나중에 다 키로 가."

어르신들이 이런 말을 하는 것을 한 번쯤은 들어봤을 것이다. 나 역시 어릴 때 외할머니에게 듣던 말이다. 나는 평범한 체형인데도 외할머니를 가끔 뵈러 가면 "애가 삐쩍 골았네. 왜 이렇게 말랐니"라는 말을 종종 하셨다.

'잘 먹어야 키가 큰다'는 말은 맞다. 하지만 문제는 '잘 먹는다'가 '많이 먹는다'와 같은 말이 아니라는 것이다. '잘 먹는다'는 말은 '건강에 좋은 음식을 골고루 먹는다'에 더 가깝다. 한창 키가 자랄 시기이고, 많이 뛰어노는 아이라면 여기에 '배가 약간 부르도록 먹는다'는 의미를 더해도 되겠다. 하지만 아무 음식이나 배터지게 먹는 것은 '잘 먹는' 것이 아니다.

소아 및 청소년의 비만은 체질량지수인 BMI를 기준으로 진단한다(만 2세 이상에서 적용). 성별 및 연령에 따른 BMI의 백분위수로 판정하는데 85~94%면 과체중, 95% 이상이면 비만으로 정의한다. 2016년 영유아 건강검진 자료를 보면 54~60개월에서는 비만 비율이 6.6%였고, 66~71개월에서는 7.7%를 차지했다. 교육부에서 발표한 자료에 따르면 같은 해인 2016년에 초·중·고에서 비만 비율은 16.5%를 차지했으며 이 비율은 점점 증가하고 있다.[41] 비만 인구가 늘어나는 것은 세계적인 추세이기도 하다. 2017년에 의학전문지 〈랜싯(Lancet)〉에 발표된 논문에 따르면 전 세계 소아 및 청소년의 비만 인구가 40년 전에 비해 10배 증가했다고 한다.[42]

왜 살찌는 아이들이 늘어날까?

소아 및 청소년 비만이 늘어나는 이유는 대표적으로 2가지가 있다. 첫째, 살찌는 음식들이 주변에 넘쳐난다. 길거리에 나가 몇 걸음만 걸어도 당장 달콤한 음식, 기름에 튀긴 음식, 밀가루가 많이 음식이 온 천지에 있고 그러한 음식들의 광고가 넘쳐난다. 성인도 그러한 음식을 보거나 냄새를 맡으면 끌리는데 아이들은 더 쉽게 유혹될 것이다.

둘째, 아이들의 신체활동이 이전보다 많이 줄어들었다. 초등학생 때부터 학원 일정이 바빠 뛰놀 시간이 부족하다. 또한 여유시간이 있어도 뛰노는 것보다는 핸드폰, 컴퓨터로 시간을 보내는 것이 흔하다. 가만히 앉아서 화면만 쳐다보는 시간이 이전보다 많이 길어졌다. 이것은 비만의 직접적인 원인이 될 뿐 아니라 기초체력이 떨어지는 결과까지 초래한다.

아이들 비만이 더 심각한 이유

아이들의 비만이 중요한 이유는 어릴 때 비만인 아이가 성인이 되어서도 비만일 가능성이 높기 때문이다. 2006년 대한비만학회의 발표에 따르면 성장기 비만의 약 68%가 성인 비만으로 이어진다고 한다. 또한 비만인 아이의 약 80%에서는 고혈압, 제2형 당뇨병, 고지혈증, 지방간과 같은 대사성 질환이 나타날 수 있다.

소아비만은 성호르몬의 분비도 촉진한다. 따라서 2차 성징이 일찍 시작되는 성조숙증이 발생할 수 있다. 세계보건기구(WHO)는 1996년 비만을 치료가 필요한 질병으로 규정했다. 따라서 비만인 아이들을 '통통하고 귀엽다'고 보는 시선을 바꿀 필요가 있다.

성인기의 비만에서는 지방세포의 크기가 커지는 비대형 비만이 많다. 하지만 소아비만은 세포의 크기가 커질 뿐 아니라, 지방세포 수가 증가하는 증식형 비만이나 지방세포의 크기와 수가 둘 다 증가하는 혼합형 비만이 많다. 따라서 체중감량이 더 어렵고, 체중감량에 성공해도 성인이 되었을 때 요요가 올 확률이 높다.

소아비만에서 가장 중요하면서도 안타까운 점은 본인 의지와 별개로 주변 환경의 영향이 절대적으로 크다는 것이다. 예를 들어 어릴 적부터 부모님이 과자, 사탕, 음료수를 자주 먹이고 운동을 시키지 않았다면 아이는 그런 것이 당연한 줄 알고 자라며 소아비만으로 발전하기 쉽다. 성인에서 처음 발생한 비만은 성인인 본인이 스스로 음식 조절과 운동을 하지 않은 책임이 크다. 하지만 아이들에게 이와 똑같은 잣대를 들이밀 수는 없다.

아이들 비만 치료는 어떻게 할까?

성인의 비만 치료에서는 섭취하는 칼로리를 크게 제한하는 데 중점을 둔다. 그러면 이미 비만인 아이들은 어떻게 해야 할까? 체중감량이 중요하지만 아이들은 성인과 달리 아직 계속 성장하고 있는 상태다. 섭취 칼로리를 무작정 줄이기만 하면 성장을 저해할 수 있다. 따라서 소아비만 치료에서는 그 나이에 적정한 칼로리 섭취가 반드시 필요하다. 즉, 섭취 칼로리를 어느 정도는 제한하더라도 해당 나이에 필요한 하루 칼로리는 섭취해주어야 한다.

예를 들어 보건복지부가 제시한 2015 한국인 영양소 섭취 기준에 따르면 6~8세는 남아 1,700kcal, 여아 1,500kcal, 9~11세는 남아 2,100kcal, 여아 1,800kcal, 12~14세는 남아 2,500kcal, 여아 2,000kcal가 1일 권장 칼로리다.

하지만 같은 칼로리여도 먹는 음식의 종류가 중요하다. 예를 들어 똑같은 500kcal라도 라면 1개와 소고기 안심 300~400g은 몸에 전혀 다른 영향을 미친다. 단백질은 비교적 충분히 먹이면서 탄수화물과 지방 섭취를 줄여야 한다. 살을 뺀다고 하면 아직도 고기를 안 먹어야 한다고 생각하거나 고기도 잘 안 먹는데 왜 살이 찌냐고 묻는 보호자들이 있다. 아이들에게 고기는 매우 중요한 음식이고 자주 먹어야 한다. 다만 같은 고기라 해도 '살코기 위주'로 '적정량'만 먹는 것이 좋다. '삼겹살'을 '많이' 먹으면 당연히 체중감량에 도움이 되지 않는다.

비타민 역시 성장에 중요하므로 채소 섭취도 신경 써야 한다. 아이가 먹지 않는 채소를 억지로 먹이기보다는 한두 종류라도 아이가 거부감을 덜 느끼는 채소를 먹이는 것이 좋다. 과일은 몸에 좋다고 많이 먹이는 부모님들도 있는데, 과일에는 당분이 많으므로 많이 먹으면 살찐다는 사실을 염두에 두어야 한다.

소아비만에서 식이요법이 중요한 이유는 어릴 때 내가 주로 먹던 음식, 좋아하던 음식은 평생 이어지는 경우가 많기 때문이다. 어린 시절에 고열량, 고탄수화물 음식에 자꾸 노출되면 성인이 되어서까지도 즐겨 먹게 된다. 아이가 좋은 음식에 노출될 수 있도록 가족들이 식단 선택에 신경을 많이 써줘야 한다. 그래야 나중에 성인이 되어서도 올바른 식이습관을 유지할 수 있다.

아이들이 하원 후 편의점에서 간식을 사 먹는 모습을 쉽게 볼 수 있다. 편의점에 있는 음식은 대부분 밀가루, 설탕, 나트륨, 포화지방산 등의 함량이 매우 높다. 어쩔 수 없이 편의점에서 간식을 사 먹는다면 삶은 달걀이 좋고, 가능하다면 가까운 빵집에서 샐러드를 사 먹는 것이 더 좋다. 소아 및 청소년들은 단순당이 매우 많이 들어간 음료수를 좋아하는데, 이는 살만 찌고 건강에는 거의 도움이 안 된다. 따라서 달콤한 음료수보다는 흰 우유나 물을 마시는 것이 좋다.

아이의 체중감량에는 가족의 도움이 절실하다

아이가 체중감량을 할 때는 가족들의 협력이 무엇보다 중요하다. 아이에게만 인스턴트식품, 가공식품, 고열량 음식을 먹지 말라고 할 것이 아니라, 가족구성원들도 같이 그러한 음식을 먹지 않아야 한다. 아이에게만 운동하라고 할 것이 아니라 가족구성원들도 운동하는 모습을 보여주는 것이 좋다.

운동은 매일 1시간씩 꾸준히 하도록 한다. 꼭 엄청난 운동이 아니어도 좋다. 아이 이름을 불렀을 때 숨을 헉헉거리면서 답할 정도의 강도라면 축구든 줄넘기든 그냥 놀이터에서 친구들과 뛰어노는 것이든 상관없다(운동이 끝난 후에 수분 보충은 음료수가 아닌 물로 한다).

다만 비만인 상태에서 갑자기 고강도의 운동을 오랜 시간 할 경우 관절이나 근육이 손상될 수 있으니 식이요법을 먼저 시작하면서 운동의 강도와 시간은 조금씩 늘려가는 것이 좋다. 학업 외의 목적으로 영상을 시청하는 행위는 최대 1시간 미만으로 제한하는 것이 좋다. 영상물에 오랜 시간 노출되면 활동량이 감소할 수밖에 없다.

외래에 10세 남자아이와 엄마가 같이 내원한 적이 있다. 아이는 한눈에 봐도 비만임을 알 수 있었다. 엄마는 아이가 살이 쪄서 걱정이 되어서 왔다고 했다. 그런데 엄마의 그다음 말이 "그런데 애가 왜 이렇게 살이 찌는지 모르겠다"였다. 그 엄마는 정말로 이유를 모르겠다는 눈치였다.

아이의 엄마가 비만인 것만으로도 아이가 비만인 이유를 어느 정도 추측할 수 있었다(아이의 엄마는 다른 질병에 의한 2차성 비만이 아니었다). 엄마가 비만이 된 생활습관을 아이가 자연스럽게 공유하게 되므로 아이가 비만이 될 확률이 높을 수밖에 없다. 그 엄마는 본인이 아이에게 어떠한 영향을 미치는지 깨닫지 못하고 있는 것 같아 너무 안타까웠다. 그래서 당시 에둘러 최대한 완곡하게 설명한 기억이 있다.

기침도 하지 않는데 왜 잠복결핵인가?

우리나라가 결핵 발병률 1위?

영화 〈기생충〉을 보면 기택(송강호 역)의 가족은 가사 도우미의 복숭아 알레르기 반응을 이용해 집주인 가족이 그녀가 폐결핵에 걸린 것으로 오해하도록 만드는 장면이 있다. 이를 통해 오늘날에도 결핵은 우리와 먼 일이 아니라는 것을 생각해볼 수 있다.

현대는 영양 상태가 좋아져서 결핵 환자가 이전보다 줄어들고 의료 접근성도 높아 결핵이 진단되어도 완치되는 경우가 대부분이다. 그러다 보니 결핵은 나와 별 상관없는 병이라고 생각하는 사람들이 많다. 하지만 세계보건기구(WHO)의 2018년도 '세계 결핵 연례 보고서'에 따르면 2017년 기준으로 우리나라는 경제협력개발기구(OECD) 35개 가입국 중 결핵 환자 발병률 1위의 국가다.[43] 질병관리본부 자료에 따르면 2019년에 발생한 신규 결핵 환자는 2만 3,821명이었다.[44]

"기침하면 다 옮나요?"

결핵이란 '폐를 비롯한 장기가 결핵균에 감염되어 발생하는 만성질환'이다. 결핵은 대표적인 '공기감염' 질환이므로 폐에서 가장 흔하게 발생한다. 따라서 일반적으로 결핵이라고 하면 폐결핵을 의미하는 경우가 많다. 폐결핵 환자가 기침이나 재채기를 할 때 결핵균이 포함된 미세한 가래가 입이나 코를 통해 공기 중으로 배출된다. 이를 비말핵이라 부른다. 이 비말핵은 매우 가볍기 때문에 공기 중에 떠돌아다니게 되고 다른 사람들이 이 공기를 들이마시면 결핵균이 함께 폐 내로 들어가 감염될 수 있다(단, 대부분의 결핵환자에게서는 치료를 시작한지 2주가 지나면 전염력은 없어진다). 결핵균은 폐 외에도 장, 신장, 관절, 뼈, 신경 등에도 침범할 수 있다.

결핵균에 노출된 모든 사람에서 결핵이 발병하는 것은 아니며 밀접 접촉자의 약 30%에서 감염이 발생한다. 또한 그중에서 10%만이 결핵으로 발병되고 나머지 90%는 평생 발병 없이 잠복결핵 상태로 지낸다. 잠복결핵이란 결핵균에 감염되어 체내에 소수의 결핵균은 존재하지만 현재 결핵이 발병하지 않은 상태를 의미한다.

잠복결핵 검사는 대표적으로 투베르쿨린 피부 반응 검사와 인터페론감마 분비 검사가 있는데, 최근에는 인터페론감마 분비 검사를 주로 하는 추세다. 이 검사는 혈액을 채취해 시행하는 검사로 혈액 내 면역세포를 결핵균 특이항원으로 자극한 후에 분비되는 인터페론감마를 측정해 결핵균 감염 유무를 진단한다. 따라서 이 검사 결과만으로는 활동성 결핵인지 잠복결핵인지 구분할 수 없다.

흉부 엑스레이가 정상이고 이전 결핵 과거력이 없는 상태에서 잠복결핵 검사 결과 양성이 나온 경우 잠복결핵이라고 판단한다. 다만 과거에 잠복결핵을 이미 치료받았어도 잠복결핵 검사는 음성으로 바뀌지 않는다. 따라서 과거에 이미 잠복결핵 검사에서 양성 반응을 보였거나 과거에 활동성 결핵 또는 잠복결핵에 대해 치료한 적이 있는 사람은 이 검사가 큰 의미가 없다.

"꼭 치료해야 하나요?"

요즘은 채용검진 시에 잠복결핵 검사를 요구하는 직종들도 있다 보니, 진료실에서 잠복결핵을 진단하는 경우가 가끔 있다. 우선 잠복결핵 검사 결과 양성이 나왔다고 설명하면 환자가 제일 흔하게 보이는 반응은 "제가 결핵이라니 말도 안 돼요. 기침 같은 것도 전혀 없는데요"라는 것이다. 그러면 내 대답은 항상 같다.

"아직도 우리나라는 결핵 환자가 많습니다. 결핵은 공기감염이므로 나도 모르는 새에 전염될 수 있습니다. 그리고 '잠복결핵'은 원래 증상이 없습니다."

'잠복결핵 상태'에서는 기침이나 재채기를 해도 다른 사람에게 결핵균을 전염시키지 않는다. 하지만 면역력이 약해지면 잠복결핵에서 활동성 결핵으로 변할 수 있다. 잠복결핵 감염자의 약 10~20%에서 활동성 결핵이 발생한다. 대부분의 잠복결핵은 감염된 지 2년 내에 활성화된다.

잠복결핵이라고 설명한 다음에 듣는 질문은 "치료를 꼭 해야 하나요?"이다. 이 질문에 대한 대답은 좀 어렵다. 고려해야 할 요소들이 많기 때문이다. 여기서는 우선 치료를 권고하는 군을 간단히 설명하겠다. 우선 결핵환자와 밀접 접촉을 하는 가족 중 35세 미만인 경우(35세 이상인 경우는 결핵 발병 위험도에 따라 결정), 의료기관 종사자 중 호흡기 결핵 환자와 접촉 가능성이 높은 종사자(예를 들어 호흡기내과 외래 병동, 응급실, 흉부 영상 촬영 부서 등), 면역력이 낮아 결핵 발병 시 중증결핵 위험이 높은 환자와 접촉하는 종사자(예를 들어 신생아실, 조산원, 분만 의료기관 등)는 치료를 권고한다.

그 외에 산후조리원, 학교, 유치원, 어린이집, 아동복지시설 등의 특정 집단시설에서 근무하는 종사자는 면역력이 낮은 다수의 사람과 자주 접하게 되므로 잠복결핵 검사 결과 양성이 나올 경우 치료를 권할 수 있다.

잠복결핵의 치료약제는 활동성 결핵보다 가짓수가 적다. 대표적으로 3개월 치료법(이소니아지드와 리팜핀 복용), 4개월 치료법(리팜핀만 복용) 또는 9개월 치료법(이소니아지드만 복용)등이 있다. 잠복결핵 치료의 결과를 확인하기 위한 검사 방법은 아직 없다. 다만 각각의 약 복용 용법에 맞춰 특정 기간 내에 약제의 80% 이상을 복용한 경우에는 치료가 완료되었다고 판단할 수 있다.[45]

▦ 주

1장

1 진료정보교류표준, 보건복지부 고시 제2016-233호.

2 Zolnierek KBH, DiMatteo MR, “Physician communication and patient adherence to treatment: a meta-analysis”, *Medical care* 2009;47:826-34.

3 Verberk WJ, Kroon AA, Lenders JW, et al., “Self-*meas*urement of blood pressure at home reduces the need for antihypertensive drugs: a randomized, controlled trial”, *Hypertension* 2007;50:1019-25.

2장

4 대한고혈압학회, 《2018년 고혈압 진료지침》, 2018.

5 Consensus Committee of the American Autonomic Society and the American Academy of Neurology, “Consensus statement on the definition of orthostatic hypotension, pure autonomic failure, and multiple system atrophy”, *Neurology* 1996;46:1470-1470.

6 대한당뇨병학회, 《Diabetes Fact Sheet in Korea 2020》, 2020.

7 Tabák AG, Herder C, Rathmann W, Brunner EJ, Kivimäki M, "Prediabetes: a high-risk state for diabetes development", *The Lancet* 2012;379:2279-90.

8 대한당뇨병학회, 《2019 당뇨병 진료지침 제6판》, 2019.

9 대한당뇨병학회, 《당뇨병 무엇이 궁금하세요? 제2판》, 2013.

10 이병완, 〈2017년 대한당뇨병학회 권고안: 인슐린〉, *Journal of Korean Diabetes* 2018;19:31-4.

11 대한당뇨병학회, 《2019 당뇨병 진료지침 제6판》, 2019.

12 대한당뇨병학회, 《2019 당뇨병 진료지침 제6판》, 2019.

13 대한간학회, 《2013 대한간학회 비알코올 지방간질환 진료 가이드라인》, 2013.

14 대한간학회, 《2013 대한간학회 비알코올 지방간질환 진료 가이드라인》, 2013.

15 Chae HB, Kim JH, Kim JK, Yim HJ, "Current status of liver diseases in Korea : hepatitis B", *Korean J Hepatol* 2009;15(Suppl 6):S13-S24.

16 Lim SH, Kim N, Kwon JW, et al., "Trends in the seroprevalence of Helicobacter pylori infection and its putative eradication rate over 18 years in Korea: A cross-sectional nationwide multicenter study", *PLoS One* 2018;13:e0204762.

17 Sharpe C, "A case-control study of alcohol consumption and drinking behaviour in patients with acute gout", *Canadian Medical Association Journal* 1984;131:563-7.

18 송정수, 〈통풍관리의 최신지견〉, Journal of the Korean Medical Association

2016;59:379-84.

19 송정수, 〈통풍의 새로운 진단 분류 기준과 치료 지침〉, 대한내과학회지 2018;93:344-350

20 질병관리본부, 〈제 6기 국민건강영양조사 2차년도〉, 2014.

21 Arunabh S, Pollack S, Yeh J, Aloia JF, "Body fat content and 25-hydroxyvitamin D levels in healthy women", *The Journal of Clinical Endocrinology & Metabolism* 2003;88:157-61.

22 Haykal T, Samji V, Zayed Y, et al., "The role of vitamin D supplementation for primary prevention of cancer: meta-analysis of randomized controlled trials", *Journal of Community Hospital Internal Medicine Perspectives* 2019;9:480-8.

23 Lee JH, Lee JM, "Vitamin D Deficiency in Critically Ill Patients", *Surgical Metabolism and Nutrition* 2017;8:17-22.

24 Choi HJ, "New Insight into the Action of Vitamin D", *Korean Journal of Family Medicine* 2011;32:89-96.

25 Holick MF, Binkley NC, Bischoff-Ferrari HA, et al., "Guidelines for preventing and treating vitamin D deficiency and insufficiency revisited", *The Journal of Clinical Endocrinology & Metabolism* 2012;97:1153-8.

26 김진호, 한태륜, 《재활의학》, 군자출판사 2007.

27 대한뇌졸중학회 역학연구회, 《Stroke Fact Sheet in Korea 2018》, 2018.

28 대한뇌졸중학회 역학연구회, 《Stroke Fact Sheet in Korea 2018》, 2018.

3장

29 대한당뇨병학회, 《Diabetes Fact Sheet in Korea 2018》, 2018.

30 Kelly T, Yang W, Chen C-S, Reynolds K, He J., "Global burden of obesity in 2005 and projections to 2030", *International journal of obesity* 2008;32:1431-7.

31 Yang HJ, Suh PS, Kim SJ, Lee SY, "Effects of smoking on menopausal age: results from the Korea National Health and nutrition examination survey, 2007 to 2012", *Journal of Preventive Medicine and Public Health* 2015;48:216-24.

32 대한폐경학회 학술위원회, 〈폐경 후 여성에서 호르몬 치료와 유방암에 대한 대한폐경학회의 입장〉, 대한폐경학회지 2011;17:125-6.

33 Manson JE, Chlebowski RT, Stefanick ML, et al., "Menopausal hormone therapy and health outcomes during the intervention and extended poststopping phases of the Women's Health Initiative randomized trials", *Jama* 2013;310:1353-68.

34 Qaseem A, Horwitch CA, Vijan S, Etxeandia-Ikobaltzeta I, Kansagara D, "Testosterone treatment in adult men with age-related low testosterone: a clinical guideline from the American College of Physicians", *Annals of internal medicine* 2020;172:126-33.

35 Song J-H, Jung K-S, Kang MW, et al., "Treatment Guidelines for Community-acquired Pneumonia in Korea: An Evidence-based

Approach to Appropriate Antimicrobial Therapy", *Tuberculosis and Respiratory Diseases* 2009;67:281-302.

36 Shigemitsu, Hidenobu, and Kamyar Afshar, "Aspiration pneumonias: under-diagnosed and under-treated", *Current opinion in pulmonary medicine* 2007;13:192-198.

37 이소영, 김은정, 박종서, 변수정, 오미애, 이상림, 이지혜, 《2018년 전국 출산력 및 가족보건·복지 실태조사》, 한국보건사회연구원, 2018.

38 Oxman MN, Levin MJ, Johnson G, et al., "A vaccine to prevent herpes zoster and postherpetic neuralgia in older adults", *New England Journal of Medicine* 2005;352:2271-84.

39 Schmader KE, Levin MJ, Gnann Jr JW, et al., "Efficacy, safety, and tolerability of herpes zoster vaccine in persons aged 50-59 years", *Clinical infectious diseases* 2012;54:922-8.

40 Oxman MN, Levin MJ, Johnson G, et al., "A vaccine to prevent herpes zoster and postherpetic neuralgia in older adults", *New England Journal of Medicine* 2005;352:2271-84.

41 교육부,〈2016년도 학생 건강검사 표본통계 분석결과〉, 2017.

42 Abarca-Gómez L, Abdeen ZA, Hamid ZA, et al., "Worldwide trends in body-mass index, underweight, overweight, and obesity from 1975 to 2016: a pooled analysis of 2416 population-based measurement studies in 128· 9 million children, adolescents, and adults", *The Lancet*

2017;390:2627-42.

43 WHO, “Global Tuberculosis Report 2018”, 2018.

44 질병관리본부, 《2019년 결핵환자 신고현황 연보》, 2020.

44 Consensus Committee of the American Autonomic Society and the American Academy of Neurology, “Consensus statement on the definition of orthostatic hypotension, pure autonomic failure, and multiple system atrophy”, *Neurology* 1996;46:1470-1470.

45 민진수, 김주상, 〈잠복결핵감염의 진단 및 치료〉, *Journal of the Korean Medical Association* 2019;62:11-17.

북큐레이션 • 평생 건강하게 살고 싶은 당신을 위한 책

《의사 사용 설명서》와 함께 읽으면 좋을 책. 100세 시대, 탄탄한 자기관리를 통해 몸과 마음의 건강을 유지하는 법을 알려드립니다.

치과 사용 설명서

강혁권 지음 | 13,800원

"치과, 하면 떠오르는 무섭고 불편한 마음,
치과의 습성을 알면 속 시원히 해결된다!"

치과에 대한 고민, 불안, 공포를 털어내기 위해 당신에게 필요한 것은 당신을 기억하고 당신의 치아 문제를 함께 고민할 좋은 치과의사와 동행하는 방법을 배우는 것이다. 매번 치과 치료를 앞두고 '어떤 치과에 가야 할지', '이러다 비싼 치료를 강요받는 건 아닌지' 등을 고민하고 있다면 좋은 치과의사를 만나기 위한 가이드라인을 알아둘 필요가 있다. 이 책은 치과 치료는 왜 비싼지, 왜 치과마다 치료 비용이 다른지, 왜 치과의사마다 진단이 다른지 등 차마 치과의사에게 대놓고 묻지 못했던 질문들에 대한 답을 담고 있다.

면역력을 처방합니다

정가영 지음 | 16,000원

오늘도 약만 챙기시나요?
매번 먹는 진통제보다 강력한 면역 치료법

'몸살감기', '입병', '변비' 등 '언젠가는 낫겠지' 하면서 오늘도 무심하게 지나치는 생활 속 질환들. 바로 이 질환들이 내 몸에 있는 면역력이 약해져서 세포들이 다급하게 보내는 SOS다! 이 신호를 무시하면 결국 병이 좋아하는 몸이 되어 치명적인 질병이 찾아오게 된다. 이러한 치명적인 병들을 막아주는 든든한 지원군이 있다. 바로 우리 몸에서 열심히 일하고 있는 면역세포들이다. 이 책은 면역력이 더욱 강력해질 수 있는 영양분, 스트레스 관리법, 피해야 할 인공 화학물질 등을 기능의학의 관점에서 소개한다.